留置場のススメ

新垣栄二
ARAGAKI Eiji

文芸社

目次

第０章　事の発端

はじめに。

私はとある会社の代表取締役で財前（37歳）と言います。若作りを特段しているわけではないのですが、実年齢より10歳近く若く見られるようで、いわゆる「今どき風」と想像していただければ結構です。

交際し、同棲している彼女がおり、名前は「秋穂（23歳）」と言います。
ずっと恋愛不適合的な性格であった私にとって、久しぶりに心から大好きになった彼女で、彼女との生活には今まで味わったことのなかったような幸福感や充実感があります。
仕事は複数の会社を経営していますが、95％以上、経営面は木村、財務面は中下という部下に任せているため、時間は沢山あり、お金にも困りません。正に悠々自適で幸せな日々を送っていました。

ここでは私の会社を「Z社」とさせていただきます。Z社は若い社員が多く、夢と希望……もとい、野望と欲望に満ち溢れた会社でした。良い意味でも、悪い意味でも。
ですが、そこが他の会社とは違う魅力的な点で、部下たちは毎日のように目をランランと輝かせ、夢を語っていました。熱い情熱を持った奴らが沢山いて、普通のイメージする会社ではなく、個性豊かな、まるでオモチャ箱をひっくり返したような楽しい雰囲気の会社でした。

Z社は色んな事に精力的に活動し続けてきたため、これまでに色んな事業で貯め込んだ資金を保有していました。この会社では主に業を持たず、部下で独立したい希望者がいれば、事業内容を聞き、幹部数名で吟味し、採決をとります。可決すれば、お金を出して新しく会社を作り、独立する部下に自由に会社運営をさせていました。

要は、Z社は事業投資として色んな会社へ出資をする会社です。

私の立場は、初めにZ社を作った事で出資資金ができたので「会長」と呼ばれ、会社を設立して5年ほどで、仕事はほとんどないのに収入が入ってくる状態で、人生ほぼ上がっている状態でした。勉強がてらに月に一度の会議に参加する程度で、基本的には事業への口出しや指示などはしていませんでした。

Z社で行っていた事業は飲食業からインターネット関連、不動産、デザイン業などまで多岐にわたり、中には業績が思うようにいかず潰した事業も多々ありましたが、全部で11種類にも及んでいました。

ここまでくると会議内容や事業内容も専門的な話ばかりになり、自分では把握も管理できず、「本格的にトップを退き、株主として配当をもらっていこうか」という気持ちになっていました。

このタイミングで舞い込んできた新事業の案がありましたので、ちょうどいい機会だと思い、会社のナンバー2であった木村という男に会社の実権（運営管理、人事全般）を引き継いだのですが……。この事業が原因で、結果的に私は逮捕となってしまいました。

罪状「流動商品取引法違反」

という罪で拘留との事です（涙）。

簡単に言うと、流動商品というものを扱うためには、略して「流証」と言われる免許のようなものが必要です。「流証」がないと、流動商品の売買のタイミングなどのアドバイスで商売をしてはいけないのに、やってたからアウト、という事です。

うんうん。無免許で車を運転してはいけない。無免許で飲食店を営業してはいけない。分かります。

事業を任せる木村には、事前にその事業の勉強会や研修に何度も出席してもらい、詳しく勉強をしてもらいました。

すると木村は……

「保育園の認可保育、無認可保育のように、無免許でもやり方によっては法律的に問題はなく、運営は全然可能です。全責任は自分が取ります。迷惑はかけませんから、私にお任せください!!」

と私に言ったのです。それを事業に従事させる部下たちにも伝え、X社という会社を作り、流動商品取引業という事業がスタートする事となりました。

それでは……なぜ私まで身柄を拘束されたのでしょうか。

私がこの事業に関わった事といえば、Z社から出資をする事を、会社のナンバー3であり財務責任者であった中下という男に許可した事。毎月定例の利益報告を受ける会計会議に出席していた事。おしまい。

事業の詳細、販売方法などの内容もほとんど分からず、昇進や教育、社員の異動や面接などの人事全般もしておらず、経営判断も全て木村に一任して、会社へも月に一度しか行っていない。出資をしただけで被疑者となり、逮捕&拘留されるなんてありえない!!と思い、初めは戦う気満々でございました。

ですが……。弁護士の吉野先生に今回の件を色々相談し、考慮し、罪状を全面的に認める事としました。

なぜなら、木村に任せていた会社は詐欺をしていたわけではなく、「無許可で販売業を行っていた」という事実一点の罪で私たちが捕まっているという、事の詳細がハッキリ分かったからです。

後から取り調べで分かった事ですが、事業の内容で少しやり方が悪かった部分もあったそうです。しかし、これらも含めて警察がそれ以上の罪で問う場合、会社のお金の出どころである私（財前）を逮捕&拘留できなくなるから、罪は軽くともこの「流動商品取引法違反」で落ち着いたのかな、と個人的には思い納得しました。

逮捕当日の取り調べの段階で、こじつけのように無理やり自分に罪を被せてこようという警察官の意図も見えていたので、この罪を一部否定し、ちゃんと実情を把握して欲しいという気持ちが強かったのです。私の身柄は拘留された状態で、意地でも戦い続ける事も視野に入れてはいました。でも「それは否認として捉えられる」と弁護士の吉野先生に言われました。否認して戦うという事は、外にも出られず、第一に私の生活で一番の幸福の時間であった、秋穂との時間がなくなる、という事でもありました。

それだけではありません。ちょっと前に自分の遠い知人で、脱税容疑で逮捕された女社長の話を聞いた事があったのです。彼女は戦いを選び、一年半もの期間、誰とも会えない接見禁止状態で無罪を主張し続けました。しかし結果は、裁判で負け、数千万の資金と一年半もの月日を費やしながらも、罪を少し軽くした程度に終わったと聞いています。

そういう理由もあり、私は戦う事を捨てました。

今回の自分達の件は「無許可で流動商品を販売した」というもの。これに関しては、実際に自分が出資した会社で行っていた事実はあるし、全面的に認めた上で、詳細を裁判などで話して適切な処分にしてもらおうと思ったのです。必要以上に虐められない事を祈るばかりでした……。

と、いうわけで、わたくし財前の生涯最後となるであろう拘留生活が始まるのです。

第1章　青天の霹靂

1日目　1／28火曜日

朝7時ぴったりにインターホンが鳴る。弁護士の吉野さんから事前に「もし20日間拘留されるなら朝7時に来るから、万が一来たら、覚悟しておいてください」と言われていたし、朝の来客は普段絶対にありえないので、すぐにピンときてモニターを覗く。

事前に任意で取り調べをしていた刑事の竹本さんが映り「財前さん、玄関まで通してもらえますか?」と言ってきたのでマンションの扉を開錠した。

「あぁ、今日から20日間拘留か」と思い、まだ眠っている彼女の秋穂へ伝える。朝に極端に弱い秋穂は寝ぼけていて「えー、わかったぁ」くらいの返事をしてきた。

モニターには一人しか映っていなかったため、拘留されるかどうかは半信半疑ではあったけれども。

ドアを開けると、モニターには一人しか映っていなかったのに、刑事さんが合計5人。話を聞けば、すでに管理会社に連絡し、4人はドアの前に立っていたそうだ。うちのマンションは管理会社がかなり厳しい。この件で管理会社の信用が著しく低下したため、引っ越しを迫られる可能性が大いに出てきた……。3か月前に引っ越してきたばかりなのに、なんてこった。

まず初めに携帯を取られる。押収との事。弁護士の吉野さんに連絡が取りたいと伝えたが「後からそういう時間を設けるから」と却下される。そして「警察署へ一緒に同行して欲しい」と言われた事で、拘留されるのは確信となった。

その時！　眠っていた秋穂がリビングを覗く。知らないおじさん達を見て「キャー」と絶叫!!　秋穂はもともと他人を受け付けない性格で、ましてや家に知らない人を入れるなんてもっての外という考えなので、パニックになったのだろう。

これはまずいと思い、一度寝室へ行って秋穂を少し落ち着かせる。そして家の間取りの一番奥にあるゲストルーム的な部屋へ連れていき、刑事さん達が待つリビングに戻る。

またしばらく刑事さんと話をしていると、気になったのか秋穂が戻ってきて「なんなのぉ。いったい誰が掃除すると思ってるのよ」と涙声で刑事さん達に文句を言ってきた。

だがこれは、いきなり家に入ってきた不純物に対してアレルギー反応を示して、とりあえず何か一言でも言いたかったのかもしれない。

程なく私が刑事さん達と一緒に出掛けるというタイミングになり、秋穂に一声かける時間をもらってゲストルームへ行った。

「今日から20日間拘留されるかもしれない。行ってくるから良い子にして待っていてね」と伝えると、秋穂は大粒の涙を流しながら泣いてしまった。

「ごめんね、なるべく大丈夫なように戦ってくる」とも伝えたけど、声を出して泣き始めていたため、聞こえていたかはわからない。

出かける前、秋穂がいつものように玄関前までお見送りをしてくれようとしてたけど、私の後ろにおじさんの刑事さん達がいたから、すぐに見えない場所へ引っ込んでしまった。声だけが聞こえ「せっかくのお休みの日だったのに」と涙声で呟いている。こんな時に休みを楽しみにしていたなんて口に出して言う秋穂がとても可愛かった。私は心から「ごめんね」と呟き、急かされていたので扉を閉める。扉が閉まっていく間に秋穂が泣き出した声が聞こえて、すごく胸が苦しくなったのを今でも鮮明に覚えている。

マンションの前に止めてある車へ向かい、乗り込む。７人乗りの普通のワンボックスカーで、運転席、助手席、２列目の後部座席に２名の刑事さんが乗り、私は３列目。車の正面から見て左側に座り、隣には担当刑事の竹本さんが乗る。

警察署へ向かい、車で揺られる事、２時間。警察署に近づくにつれ、妙に隣の竹本刑事が「今、それ話すべきか？」と思えるような、とてもたわいない内容を延々と話しかけてくる。まるで寝ないようにしているかのようだ。

極めつけは、警察署に着く寸前。まるで遠足の時のバスガイドのように「ほ〜ら。財前さん、ここが警察署ですよー」と謎の警察署紹介をしてきた。そんな事を言われたら、誰でもそこを見るに決まっている。反射的にそちらを向くと……。

カメラのフラッシュの嵐！

「バシャバシャバシャバシャバシャー！」とバカでかいフラッシュライトが三つとカメラマンが６人くらい。まるでハリウッドのスーパースターの記者会見並みだ。

どうせカメラマンがいるだろうと読んでいたし、私は視力がいいので一瞬で察知し、カメラと反対方向を向いたのだが、案の定、動画がネットで流れていた。

しかーし！　私は初めからテレビでよく見るような感じでカメラマンが写真や動画を撮ってくるのではないかと疑っていたので、家から出る前に「自分は花粉症持ちなのでマスクをします」と告げ、マスクを着用していた。ふっふっふっふ。これはお勧めである。いや、捕まらないのが一番のお勧めであるが。

警察署に着き、取調室にて逮捕だと伝えられる。「とりあえず本日は帰る事はできません」と言われ、形式的な感じで手を差し出し、ここで初めて手錠をかけられる事となる。

さらに腰縄を付けられ、それを手錠と一体化させた。

しかし、すぐにその手錠は手から外され、私が逃げられないようにするためか、腰縄に繋がっている手錠を椅子にかけられる。いよいよ拘留生活が始まるのを実感した。

冒頭でも軽く書いたが、当日の取り調べで、この事件でなぜ逮捕されたかなどを説明され、この段階では戦いたい気持ちがものすごく強かったのを覚えている。

この取り調べの時に、妙な叫び声というか掛け声が隣の部屋から聞こえてくる事に気づく。「ビール一丁！」「ウィーッス！」「へい！　おまち！」「アイアイサー！」みたいな掛け声である。この時点では心の中で「なんだ、この威勢のいい掛け声は。警察署だから職業訓練所でもあるのかな」と思っていた。

私を拘留するにあたり、警察官が色々な手続きを済ませる。持ち物を全て没収され、ポケットにたまたま入っていた領収書やゴミなども含めて一個一個全てをチェックしメモされる。

そして最後に……

「はい、パンツを残して全裸になってください」と警察官に言われる。

「はい？」と耳を疑って聞き直す。だって、この前に散々、身体の至るところをベタベタ触られ、金属探知機もしていて、ポケットの中身から何から全て、隅々まで見ているからである。

全裸になる必要あるのか？　むしろまだ起訴もされていないのに、ここまでする？　と思ったが「決まりなので早く脱いで」と高圧的に命令してくる。

警察官が「何か隠しているモノでもあるの？」と言ってきたので「立派なモノなら」と冗談を言ってみたが、全員真顔。ジョークの分からない奴らだ。

パンツだけを残して全裸にさせられる。この日に限って、セクシーパンツ専門のブランドを立ち上げたゲイの知人からプレゼントしてもらった、一定層の変態にはイヤーンとなるようなイチモツを強調される造形のパンツで、全裸になってしまう事となる。しかし、この警察官達は全く笑わない。冗談にもセクシーさにも疎いようだ。

そして全裸にしただけでは飽き足らず、手袋をはめた警察官が私のセクシーパンツのイチモツがある前部分、次に私の引き締まった可愛いお尻部分のパンツのゴムをあれよあれよと引っ張り、中身を確認する。そのあとモゾモゾと全ての部分を触り始め、しまいにはサオと玉を軽くギュッと握り、感触を確かめる。

まるで、高価な骨董品を鑑定する鑑定士のように真剣な表情で、私のパンツの中を色んな角度から近くで凝視してくる。

さっきのジョークを聞いてどのくらい立派なのかを確認しているのかと思ったが、そうではなく、どうやらパンツの中に何か隠していないかを確認しているようだ。女性の場合でも股間までまさぐられて確認されるらしい。

裸になっているこのタイミングで「あなたのことは今日から名前で呼びません。53番と呼びますので、呼ばれたら返事をするように」と告げられる。むごい。まるで囚人である。

ネットで色々検索してみたのだが、拘置所や刑務所の事は色んな所で書かれていたり、本を出す著名人がいたりする中、警察署内にある「留置場」の事は実はあまりよく知られていない。

実際、芸能人が留置場に入ったけど釈放されたというニュースのコメント欄に「よかったね、番号で呼ばれなくて」などと書かれているのを目にしたことがあったため、一時的に拘束される留置場でも番号で呼ばれて囚人同様に扱われる事を知らない人が多いのではないだろうか。あの有名人達もみんな私と同じように股間をまさぐられ、番号で呼ばれていたのである。

色々な説明や検査が終わり、最後に着る服を制限される。チャックのついたパーカーやヒモがついた服やモノは全て預けさせられる。これは囚人（ただここに宿泊するだけじゃなく、まるで刑務所の練習みたいな雰囲気なのであえて「囚人」と呼ぶ事とする）が自殺するのを極力防ぐためだと説明される。実際に罪悪感や絶望感にさいなまれて自殺する人は結構いるらしい。

それは理解したのだが、一つ不可解な事がある。

「あなたの靴はヒモ靴なので、ヒモを全て取って保管します」と言うのだ。

ちなみに拘留中、靴は履けない。保管している場所も分からず、見る事もできないのだが、なぜかヒモを外して保管するとの事。謎だったし、帰る時に面倒くさいじゃないかと思ったが、争っても仕方がないので渋々了承した。

パーカーを着ていた私は上に羽織る服がなくなったので、貸出のスウェットを着させられる。この服がとてつもなくオジサン臭い。着る前から臭いのだ。嫌がらせにしか思えなかったが、寒いので仕方なく着る。この服を着て外の世界で過ごしていたら、私の知らない所で「財前さんは加齢臭がする。まるで超臭いおじさん運転手が乗っているハズレタクシーの中のような香りだ」という話題で持ちきりだろう。

手続きや持ち物検査など全てが終わり、「今日泊まる場所はここです」と連れていかれたのが、なんと先ほど取り調べの時に居酒屋のような声がしていた場所だった！

そのドアを開ける時に連れてきてもらった大人しそうなおじいちゃんの警察官が、急に気が狂ったように「第一の扉かいじょぉぉぉう！！！」と謎の大絶叫！

その後、普通に真顔に戻り、カチャンと鍵を開ける。そうするとまたすぐに扉があり、

第一の扉がいじょおお!!!!

「第二の扉、かいじょぉぉう！！」とまたしても謎の大絶叫！　バカでかい声で吠えた後は、またすぐに真顔に戻り、カチャンと扉を普通に開ける。

私が入る事となった第3室という部屋を開ける時も「第3室ぅう。かいじょぉぉぉおう！！！」と吠えて扉をカチャンと開け、入らされる。

心の中で「なんじゃこりゃw」と笑ってしまう（笑）。

まさか、よくある元気な掛け声だけが売りの居酒屋で聞くような大声が、警察のただの扉の開け閉めの掛け声だったとは夢にも思わず、これを書いている拘留12日目の現在でも笑いそうになってしまう。

泊まる事となった第3室には先住民が1人いた。身長は185センチくらいの長身。年齢は47歳くらいに見える。頭はうっすら薄い感じなのだが、自分で髪を切っているようでガタガタになっているので、所謂ハゲ散らかっているように見える。服はホームレスがよく着ている、シャカシャカと言われるナイロン生地のペラペラの上下で、小説を読んでいた。のちに彼はドロボーを何度もして捕まり続けていると聞いたので、以後「ドロボーさん」と呼ぶ。

囚人同士の会話は禁止と言われてはいたが、刑務所が題材の映画とかで「おい、あんちゃん。挨拶くらいはしろよ。ナメてるのか」と新入りの囚人が虐められているのをよく見ていたので、10分くらいして警察官がいなくなったのを見計らい、何はともあれ挨拶だけは済まそうと思い立つ。ドロボーさんに近寄って「はじめまして。今日から20日間お邪魔することになると思います。よろしくお願いします」と伝える。すると、「んあぁ、よ、よろしく」と、寝ぼけているかのような半分しか開いてない目でこちらを振り返り、挨拶を返してくれた。

部屋の感じはというと、8畳くらいのスペースに個室のトイレ。個室といっても大きな窓がついているので、トイレをしていても顔だけじゃなく胸あたりまで丸見えである。床は畳に見えるのだが、これは普通の畳ではないと思われる。とにかく硬いのだ。少し座るだけでお尻が痛いわ、仰向けに寝ると尾てい骨と背中が痛い。横を向くと骨盤と肩が痛い。寝ている時は頭が全方向痛いのだ！

　座っていても、くるぶしや足の甲を含めて全部痛い。よく畳を観察すると、畳のような網目の生地で作られたシートを張ってあるだけで、中身は非常に硬い木材だと思われる。クッションもないのでこれが本当に辛かった。


　私生活で基本的にずっと携帯を触っている私は、拘留されてからものの30分でとてつもなく暇を持て余してしまう。携帯で常に連絡を取れる状態の場合、考えが浮かんだらすぐに連絡をするという習慣があるので、携帯がないとそこで思考が停止。また新しい考えや対策が浮かんでも、携帯がないのを思い出し、すぐに思考停止。これを繰り返してしまう。

　誰にも連絡が取れない状況だと30分程度で考える事がなくなってしまい、もう何をしていいのか、考えたらいいのかも分からなくなってしまう。そして無気力になり、さらには絶望に近いものを感じてしまうのだ。これは携帯を持っている人が突然取り上げられて監禁されたら確実に感じる事だろうと思う。

「20日もこんな環境なんて無理だー！」と心の中で絶叫し、無意識のうちに何度も大きな溜め息をついていた。携帯を取り上げられるだけで、こんなにも気が滅入ってしまうのかと思った。

すると、同じ第3室にいるドロボーさんが片頬だけクイッと上げた薄ら笑いで「初めて入ったの？　暇でしょ？　よかったら暇つぶしにどうぞ」と言って小説を貸してくれたのだ。

私は「ありがとうございます」と言って小説を受け取った。小説なんて小学校以来読んでいなかったが、何も娯楽のない拘留生活では大変貴重な物であると気づかされる事となる。

拘留されたばかりで心が落ち込んでいたというか、秋穂に会えない、見られない、話せないに加え、バカみたいに硬い床や冷たいコンクリートの壁のせいで身体中にずっと痛みがあり、携帯がない事で何もしようがない。そんな色んな事が重なって、これからの20日間に絶望していた私には、このドロボーさんの好意は本当にありがたかった。

「いい人が同室でよかった」と心の中で思えた。しかし、のちにドロボーさんのサイコパスな一面を見る事になってしまうのだが……。

話は変わるが、私は秋穂に今回の経験を細かく伝えるため、初日からご飯のメニューを基本つけている。

秋穂は繊細な気質で、人との交流を避けたい傾向がある。さらにいつもいい香りがする綺麗好きの彼女が、もしここに入ったら数日で自決を考えてしまうような環境のため、拘置場の詳細は興味なくとも、ご飯の話だけならお酒のツマミにでも話せるかなと思ったのだ。そうしてメモを取り始めたのが、この物語を書こうと思ったきっかけである。

とてもツライが、秋穂との幸せな日常を取り戻した後、このツライ日々を忘れず、二度と幸せな生活を手放す事のないよう、仕事に私生活に頑張っていこうと思う。

と、いうわけで昼ご飯は、白米がカピカピで鶏と出汁のにおいがとても臭い親子丼。夕飯は揚げ餃子2個がメインのおかず。

その他のおかずは毎日同じようなものなので、以後、食事日記からは省略します。基本的に、本当に一つまみくらいの、一口で食べられる、とても少量のキャベツやゴボウやピンク色の薄切り大根がちょろっと付くくらいなので。

就寝時間は21時と言われ、20時に布団置場に案内されて自分の布団を取り、用意された歯ブラシ、タオル、石鹸をもらい、それを使って寝支度をする。顔を洗った後に必ず化粧水を塗る習慣があるので「すいません。化粧水などの貸し出しはありますか？」と聞いたら若い警察官が「ないない。欲しいなら日曜日に注文取るから頼んでください。届くのは次の週の木曜になります」と言ってきた。

ちょっと待て。今日は1月28日火曜日だ。日曜に頼んで次の週の木曜だと10日もあるじゃないか！　こんな冬の時季に化粧水も塗らずに過ごしたら、ローマにある観光スポットの石の彫刻『真実の口』みたいに顔が割れるぞ！　しまいには漫画（マンガ）『ジョジョの奇妙な冒険』の石仮面みたいな顔になっちまうじゃぁねぇーか！

と、心の中でツッコミ。脂分を保つために洗顔は数回に一度にした方がいいか、水だけにしようか、などとお肌の調子ばかり考えているオカマ芸能人のような気持ちで眠りにつこうとしていた。

21時に警察官が「消灯！」と言い、電気を消す。

ん？　これ消してるのか？　というくらい明るい。

そして20分に一回くらいの頻度で、警察官が牢屋の外をコツコツと靴の音を鳴らしながら歩き、ギョロッと覗いてくる。

横には、お風呂に入ってないのか着替えしてないのか分からないけど、臭いドロボーさん。私も臭い。服がな。俺自身はまだいい匂い。……どうでもいいか。

とにかく、明るい上に慣れない環境で、９時間睡眠の間に15回は目が覚めてしまう初夜であった。

第2章　痛感し続ける幸せだった日々

2日目　1／29水曜日

朝7時に起床。拘置場の生活は規則正しくできており、左記の通りに過ごす事となる。

7時　起床　掃除（掃除、歯磨き、顔洗い、本貸出）
8時　朝ご飯
10時　運動
12時　昼ご飯
15時　おやつの時間
18時　夜ご飯
20時　就寝準備（布団準備、歯磨き、顔洗い）
21時　就寝　消灯

朝の掃除の時にドロボーさんが「俺がトイレ掃除やるから掃き掃除やってくれる？」と提案してきてくれた。なので言われた通りに牢屋の中を掃き掃除をする。同じくらいのタイミングでドロボーさんもトイレ掃除を終え、「次は拭き掃除だから一緒にやろう」と言ってくれたので、二人で床の拭き掃除をする。

掃除が終わると、入った時に渡された支給品の歯ブラシと歯磨き粉で歯を磨く。その後に渡された石鹸で顔を洗う。だが、たったの2回化粧水を塗らないだけで乾燥し、さらに石鹸で顔を洗う事で皮膚がカッピカピになってしまう。ニヤッと笑うと、皮膚が固まっているため、顎まで動く程に顔がカピカピ。これはマズイ。次回は洗わないで脂分を多少保とうと決意する。

掃除が終わり、小説を借りる。借りられる小説は一日に3冊。基本、毎日取り調べや検事調べなどが入ってきて、一日で1冊読めないくらいなので充分だ。

朝ご飯として、ビニール袋に入れられた食パンが3枚、トレーに載せられて出てくる。うーむ。トースターで焼かない生の食パンを食べるのはいつぶりだろう。小学校の給食以来かもしれない。

給食のパンに付いていた小さいパックのイチゴジャム、ブルーベリージャム、マーガリンも添えられている。基本的にイチゴ、ブルーベリー、ピーナッツのどれか2つがランダムで付き、マーガリンはマストで入っているので、計３つを付けてくれるそうだ。

俺ちゃんは昔から食パンの耳が嫌いなので、早速むしり取り、袋の中に投げ捨てる。サンドイッチのように耳のないパンを3枚重ね、中にジャム2種類とマーガリンを塗って食べた。

朝ご飯が終わり、本日は朝の9時から検察庁へ行くとの事。
まず金属探知機をかけられて警察官に身体中を触られ、手錠をかけられる。そして手錠とロープを繋ぎ、腰にグルグルと巻かれる。腰回りが結構苦しい。これで一日はツライなと感じたが、急かされていたのでそのまま護送車へ連れていかれる。

護送車はたまに街中で見かけるが、窓枠に格子があり、パトカーランプ（別名、警光灯や赤色灯）が屋根の上に付いている、あのゴテゴテしい警察車両だ。街中で見かけた時はどんな凶悪犯が乗っているのかと興味津々で中を覗いたものだが、まさか自分が乗る事になるとは夢にも思わなかった。

後から知った話なのだが、警察というのは人を逮捕してから72時間以内に、検事さんに会わせて拘留請求を出してから、次に裁判官に会わせて、拘留してもいいという許可を取らないといけないらしい。なので本日は検事さんに会いに行かないといけないそうだ。

検察庁へ車で揺られる事、一時間半。10時30分くらいに到着。

現地に着くと沢山の警察官がお出迎え。絶対に逃げられないぞといわんばかりの雰囲気で厳重にロープや手錠のチェックをし、自分の腰縄と警察官の腰に付いているフックみたいなのをしっかり取り付けてから、護送車の扉が開く。そして沢山の警察官と一緒に検察庁の中へ。

沢山の扉や被疑者専用の待合室、というか牢屋が沢山あり、自分はその一つへ案内される。

「ここが本日一日待つ場所です。ここでは他の人と一言も口をきいてはいけません。足を伸ばしてもトラブルの原因となるのでやめてください。横になる行為も禁止です。運動は極力控えて下さい」と事前注意を受ける。要は黙って普通に座っていろという事だ。

他にも手錠をかけられてロープで縛られている人たちが沢山いて、「空いてる席に座って下さい」と言われる。

覚えているのは、顔が傷だらけの50歳くらいのおじさん。あきらかに外国人の若者、絶対に悪いことをしなさそうな陽気な魚屋さんといった感じの35歳くらいの人、ずっとハァと口を開けて息をしていて眼鏡がズリ落ちた状態かつ髪がボサボサのいかにもオタクのような20代が一人。他にも沢山いて、合計10名くらいが6畳くらいのスペースに、所謂、すし詰め状態になって座っている。

どう考えても誰とも仲良くなりたくないので、「口をきくな」と初めに強く言われたのは逆によかったと思えた。

待ち時間は長く、10時30分から待っていても、一向に呼ばれる気配がない。看守をしている警察官も大変暇そうだ。後から知ったのだが、沢山の被疑者に対して検事さんは数名しかいなくて、順番に取り調べをするため、検事調べの順番待ちは基本的に時間がかかるそうだ。

待合室の牢屋の中は、壁沿いにグルッと椅子が取り付けられているだけの部屋で、トイレもなし。トイレに行きたい人や水が飲みたい人は、声をかけてくれれば対応してくれるとの事。椅子は壁に直接取り付けられている構造のため、背もたれが90度に近く、さらには木がめちゃめちゃ硬い。ニスが塗られているのか滑りやすく、リラックスした座り方をしていると滑ってしまい、かえって疲れるような造りになっていた。嫌でも姿勢正しく座る事を強いられる。

私生活ではあまり想像しにくいかもしれないが、喋れない、運動できない、足を組めない、足を伸ばせない、歩けない、何もすることがない。その状態で『ただ待つだけ』というのは、とてもとても長く感じるのである。30分が３時間くらいに感じた。

１時間半が経ち、12時になったので食事の時間になる。食事の記録を毎回取ろうと決めていたが、この日の昼は、狭い部屋で10人の悪そうなやつらと一緒に早食いしたので忘れてしまった。食事を楽しめるような雰囲気ではなかったのかもしれない。

13時30分になり、やっと検事さんに呼ばれる。色々な話をしたが、検事さんは、取り調べの時に話した内容の悪いところだけをすっぱ抜いて調書を取ってくる事が分かった。要は完全にこちらを悪者にするのが仕事なんだなと感じた。

私の言い分もしっかり含めた調書を取ってもらい、検事調べが終了する。15時手前には帰る事となったので、検察庁を出て警察署に戻る。このくらいの待ち時間であれば、大変ではありつつ何とかなったが、これ以上の長時間だとかなり辛いだろう。

警察署内にある拘置場へ戻り、牢屋に入る。そこにはいつものドロボーさん。今日の事をコソコソ話で軽く話すと、ドロボーさんが「検事が俺の事を起訴するって……」と落ち込んだ様子でボヤいてきた。

正直、起訴されるとはどういう事かも当時はよく分かっていなかったが、起訴されるとは、確実に有罪になるという事。今後、執行猶予判決が出るのか、実刑になり刑務所に入れられるのか、罰金を科せられるのか、とにかく罪が乗っかってくるという事なので、自分がどうなるか分からないという事を言いたかったのだ。

部屋の隅でずっとうなだれているドロボーさん。しかし、突然怒ったように本を壁に投げつけたり、急に床をドンドン蹴ったり、ドアをバァーンと閉めたり。明らかに不機嫌そうだ。うん。初日に本を貸してくれた恩人だから油断していたけど、冷静に考えれば犯罪者だよね。今後は無駄に話はせず関わらないようにしようと思った。

18時になり、夜ご飯が出てくる。

弁当箱はいつも2つ出てきて、一つはご飯3杯分くらいの白米。押しつぶされてよそわれているため、少し固めで、運ばれて出されるまでに時間が経っているのか冷や飯だ。続いておかずが入っている弁当箱を楽しみに開ける。出てきたのは……イカ3切れ！

3センチくらいの正方形のイカ3切れ！　あとは同じサイズの玉ねぎが8枚くらい。味付けはチリソース。これで大量の白米を食えというのだ。入っていたイカは3切れだったが、私はお笑い芸人の千鳥のノブが言う「イカ三貫！」のように、心の中で「イカ三貫！」とツッコミをしました。

楽しみがほぼない生活なので、どうしてもご飯が楽しみになってしまう。被疑者に与える無料の食事なので、いい物が出てくるわけがないと分かっていながらも、どうしても楽しみにしてしまうのだ。しかし、いつもガッカリして「まぁ、無料だから仕方ない」と無心で飲み込む食事時間。

普段を思い返せば、毎日秋穂と「何食べようか！」とお話しし、美味しいご飯を食べて、笑顔でお散歩し、柔らかいソファーに座り、柔らかい秋穂を抱っこして、柔らかいベッドで二人で寝る。

現状は、硬い床に、硬くて冷たいコンクリートの壁。うまくもなんともないご飯。薄い敷布にガチガチの枕。秋穂とは連絡も取れない。横には不機嫌そうなドロボー。聞こえるのは警察官の意味不明の絶叫。

自分が今までどれだけ幸せな時間を過ごしていたのか、痛いほどずっと、毎分毎秒痛感させられるのだ。いや、実際に身体中痛いし。

そして思ったのは、意外とお酒は全く飲みたくない。全く欲しくない。むしろ生活に一番なくてもいいものだと思えるくらいだ。今まで10年以上、ほぼ毎日飲んでいたのに。

私はアイコスとプルーム・テックを吸っているのだが、これは吸いたい。でも、これも吸えなくても余裕だなと思える。ご飯は美味しくないけれども、一人で過ごしている時に「お腹が空いたからコレでいいか」と仕方なく食べるご飯のように割り切れれば余裕である。

この時点で最もツライのは、秋穂と会えないという事を除くと『硬さ』。身体に当たる場所全てが硬くて痛い！　一番求めるのは『柔らかさ』という意外なモノだった……。

二番目にツライのは、お風呂が5日に1回という事。洗濯は週に一度。これも地味にツライ。拘留されている人たちが全部の檻に12名くらいいるのだが、みんなそんなだから臭う！　刑務所経験者やホームレス経験者にとっては、着替えが週に一度あり、お風呂が5日に一度入れる状況なんて天国なのだろう。ドロボーさんもいかにもホームレス経験者の雰囲気なので、毎日同じ服で着替えをしている様子がない。

三番目は、全員寝た時の留置場中に響き渡るイビキの大合唱。酷い時には一晩で10回近く目が覚める。

まだ2日目ではあるが、イビキの大合唱でどうしても眠れなかったので、横でこれまた気持ちよさそうに大きなイビキをかいているドロボーさんを「よくこんな状況で眠れるな」と思いふと見ると、耳に何か白い物が詰まっているのに気がつく。

よく見ると、ティッシュが詰まっている！

「なるほど。ティッシュを耳に詰め込んで耳栓代わりにしているのか」と感心。早速、私もティッシュを切り取り、鼻血が出た時に鼻に突っ込むように耳の中に突っ込んでみる。するど、聞こえる音が3分の1くらいになり、かなり軽減できた！　これには目から鱗。ドロボーさんは何度も留置場に入った経験者だと聞いていたので「さすが先人の知恵だ」と心の中で思った。

実際はティッシュなのだが、まるで女子高生のおさげ髪のような見た目で、この日は何とか眠れたのであった。

この後、熟睡したものの、寝返りを打って横になったらティッシュが耳の中をコショコショしてきて飛び起きた。ムカついて、ティッシュをむしり取りブン投げたがな。

第3章　とても長く、ツライ一日

3日目　1／30木曜日（拘留1日目）

いつも通りに朝7時に起床し、何の変哲もない食パンを食べる。

8時30分頃、裁判官に会うとの事なので、また検察庁へ向かう。もちろん手錠をかけられ、ロープでグルグル巻きにされ、護送車で。

10時前に到着。またもや90度に近い背もたれの硬い椅子に座らされ、取り調べを待つ被疑者達が10名程いる牢屋にブチ込まれる。


想像して欲しい。

時季は冬。冷たいコンクリートの壁、90度の背もたれでちゃんと姿勢よく座らないと滑る硬い椅子、素性も罪状も不明ないかにも凶悪そうな被疑者達が狭い牢屋の中に10名、手錠を少し痛いくらいにキツく締められ、手錠と身体をロープで固定され、そのロープを腰回りでキツめにグルグル巻きにされる状態。


さらに、喋るの禁止、むやみに動くの禁止、足を組むの禁止、足を伸ばすの禁止、体勢を崩したり横になるの禁止。当然、暇つぶしになるような要素は一切なし。

この状態で『合計12時間待つだけ』、超辛かった……。
（この間にお目当てである裁判官と面会した時間は20分にも満たない）

これだけ書いてもなかなか想像しにくいだろうが、この状態で呼ばれるのを待つだけというのは、終わりのない苦しみを味わわされているようで、本当に、本当に辛かった。

お尻は座った瞬間から痛いのだが、１時間経つと、90度の背もたれと滑る椅子のせいで背中が痛くなる。２時間経つと、手錠とロープで縛られていて身動きがとれないせいで、肩も首も痛くなる。横になる事も足を伸ばす事も禁止だから、３時間経つ頃には膝や手首まで痛くなるのだ。

留置場にいる時のように小説を読む事などもできないので、時間が物凄く長く感じる。この日の待ち時間であった12時間は、本気で地獄の苦しみであった。

裁判官と対面した20分でした事と言えば、罪状を読まれて「これを認めますか？」と聞かれたので、「はい、認めます」と伝えると、補佐官がハンコをドンッと押す。これだけ。おそらく『認めた』というハンコなのだろう。

補佐官と裁判官が粛々と無言で書類などを整理し始め、このまま裁判が終わりそうな雰囲気が出始める。

この問いかけが裁判の全てだとするのであれば、私の言い分は全く入っていない。第三者が見たら『完全に全て私が悪かったです』と捉えかねないなと思い、一応、昨日までに刑事さんや検事さんに話したように「私の会社内で起こった事なので違反があった事は認めますが、私は会社を部下に全部任せており、会社に行ってなかったどころか内容も大して分かりません。そこだけ勘違いしないでいただきたいです」と、私の言い分をちゃんと主張する事とする。

補佐官がこちらをジロリと一見した後、先ほど押したハンコの上に二重線を引き、何やら別のハンコを取り出して、書類に向かって今にも押す体勢をとりながら、再度こちらをジロリと見てきた。

裁判官が「では昨日、検事さんに話したような内容という事でしょうか？」と質問してきたので、私は「はい」と答える。

するとこちらを見ていた補佐官が書類に目を向け、先ほど持った別のハンコをドンッと勢いよく書類に押した。これは『否認した』というハンコなのだろう。

先ほどまで無言で静かだった補佐官と裁判官だが、２回目のハンコを押した途端に、補佐官が慌ただしく動き始め、何枚かの書類を裁判官に渡す。裁判官は「あなたを拘留する事を決定します。また、接見禁止が付きました」と言い放ち、即座に裁判は終了となった。

すぐに檻に戻され、また待ち時間が始まる。

あっという間の出来事だったが、思い返してみると、反論した事で否認となってしまい、即座に拘留決定と接見禁止がついたのだろう。反論しなかった事で後々取り返しのつかない納得できない結果になってしまっては後悔しそうで、どうしても反論せずにはいられなかったが、「もしあそこで反論せずに認めてしまえば、今日にでも出られたのか？」と思わずにはいられず、心の中でとても葛藤した。

この後飛び込んできた情報は、今日の裁判官が「拘留を決定する」と言った日から拘留がスタートするとの事。

「え!? じゃあ前日までの辛かった2日間はなんだったんだ」とガックシ。てっきり初日からカウントされているものだと思っていた。

待機中、昼ご飯として出てきたのはメンチカツ。まずかった。まずいように感じただけなのかもしれないが、メンチカツってコンビニだろうが冷凍食品だろうが大体ある程度美味しいので「メンチカツってまずく作れるんだな」と逆に感心したのを覚えている。

永遠に感じた苦行の待ち時間もやっと終わり、身も心もヘトヘトになって警察署内にある留置場へ戻る。時刻は23時前。戻ってすぐに警察官から「新しい服の差し入れが届いているから明日確認してください。今、弁護士さんが来ているから面会してください」と言われ、面会所へ。

弁護士の吉野先生に会い、今日の検事調べの事や取り調べで言われている内容などを話す。誰ともちゃんと話せない時間がずーっと続いていたので、久しぶりにちゃんと声を出して話せる事への喜びが大きく、元気を取り戻した私は口数多く、先生と沢山話した。

ここで吉野先生から情報が飛び出す。

今回逮捕されたのは自分のほか部下二人。会社の経営を任せていた『木村』と、財務を任せていた『中下』が逮捕された事を知る。

中下は所用で海外へ行っていたので、逮捕されたのは一日遅れとの事。しかも映画のように空港で。第三者であるならば、そのシーンを見てみたい気もする。

しかし今回、検事調べの日と裁判官と会う日がバラバラだったのは、これが原因じゃないかというのだ。

「このせいで拘留が一日無駄に伸びているじゃないか……」と思ってさらにガックシ。

さらに追い打ちのように『接見禁止』というのが裁判所命令で付いた事実を知り、拘留が解けるまでは、吉野先生以外の誰とも会う事はできないという。何という事だ。

先生との面会も終わり、警察官に「夜ご飯を用意しているから食べてから部屋に入って」と言われ、別の部屋に通される。時刻は23時半頃。

そう。書いてはなかったが、検察庁では原則昼ご飯は出るけど、夜ご飯は出ないのだ。今日の地獄の苦しみは、通常18時に食べられる夜ご飯時間がなかったこともある。昼ご飯から12時間近く食べていないため、空腹も今日の地獄の苦しみを助長していた。

今までの拘留生活の中で一番大変だった一日がやっと終わり、18時に食べる予定だった冷え切った弁当箱が出てきた。「はぁ。一日本当に辛かった」と呟き、楽しみに弁当箱のフタを開ける……。

弁当箱のおかず箱の中にはブロッコリー3つがコロ～ンと入っている。

「クソがっ!!!」

外での快適な暮らしを奪われ、煩悩がなくなり始め、悟りを開き始めていた財前もこれには憤怒するのであった……。

ワッガッ!!
ころ〜ん
弁当箱
白米
ドンッ

第4章　眠れるようになった夜

4日目　1／31金曜日（拘留2日目）

今日はここに来てから初めてのお風呂！　ちなみにお風呂の時間は朝8時から順番に始まる。

これまで書いてはいないが、今日で4日間、シャワーすら浴びれていないのだ。頭も痒いし、髪の毛が脂っぽい。

秋穂が用意してくれて、昨日、弁護士さんが届けてくれた新しい服も今日から使える。お察しの通り、丸4日間、同じ服で過ごしているという事である。これはとんでもない事である。

そして、私はこの日見た夢を覚えている。

普段通りに街を秋穂と二人で歩いている。しかし、私の服があまりに臭すぎて、街を歩く沢山の人が振り返ってくるのだ。

「これはまずいかな」と思い、秋穂に相談してみる。すると、秋穂は私が臭いのを気にしてない様子だったが「気になるんだったら、シャワーでも浴びて着替えてみたらどうかな？」と優しくすすめてくれた。

家に戻り、シャワーを浴びようと服を脱ぐ。すると、よくかき混ぜた納豆のようにネバァーと身体と服の間に糸が伸びる。

「ウギャー!!　気持ち悪いー!」

そんな夢で汗をかきながら目が覚めた。

ずっと同じ服を着たままシャワーやお風呂に四日間も入れないというのは、そのくらい気持ち悪いのである。

こんな経験、今までに一度もないのである。

しかも!　ここのルールでは5日に一度しかお風呂の日はないそうである。綺麗好きには地獄である。

お風呂に案内されると、先に誰かがいる事に気付く。どうやら二人ずつしかお風呂場には入れないようで、常に誰かと入らないといけない。

先にいたのは、全身足まで和彫りの入れ墨が入った、どう見てもヤクザの方。歳は42歳くらいだろうか。いかにもそちらの世界で成功しそうな雰囲気があり、他の人と話してる姿を見ても兄貴肌って感じの人だ。実際に他の被疑者達から「アニキ!」「ボス!」などと呼ばれていたのを聞いた事がある。なので以後、アニキさんと呼ぶ事とする。

私がフルチンになったタイミングで、髪を洗っていたアニキさんがこちらに気づいて振り返り「おう! ちょっと前に入ったばかりのあんちゃんか」と凄い低い声で先に声をかけてくれたので「お邪魔します」とだけ言って会釈した。

髪を洗っているとシャンプーがない事に気が付く。すると、ドアを少し開けて覗いていた警察官が「シャンプーどうぞ」と言って手のひらに少量のシャンプーを恵んでくる。私は比較的長髪のため、4日間洗っていない髪の汚れは、こんなものでは落ちない。「もう少し、シャンプーをくれませんか?」と聞いてみたが「この量って決まっているから駄目です」と一蹴される。

仕方なく少量のシャンプーで髪を洗うが、案の定、汚れは落としきれずに気持ち悪い。するとそれに気が付いたアニキさんが「もらった量じゃ、君の髪の量だとシャンプー足らんやろ。内緒でくれたるから手、出しや」とまたまた物凄い低音の声でシャンプーを差し出してくれた。これには非常に感謝した。二回目に洗う事ができたおかげで、髪は綺麗になりスッキリした。

そのタイミングくらいでアニキさんが警察官に「21番！　時間です」と声をかけられ、そそくさと身体を拭き「お先に」と言って出て行った。

少しだけ一人の時間になり、身体を入念に洗っていると、次に入ってきたのは自分の牢屋『第3室』の隣『第4室』に同じ時期に入ってきた眼鏡をかけていた青年だ。私の番号が53番で、彼は54番と呼ばれていたので、私の次に入ってきたのだろうと思った。

54番の眼鏡の青年は「お邪魔します」とだけ言って入ってきたので、私も「どうぞどうぞ」と言って迎え入れた。パッと見の雰囲気からして悪そうではなく、凄く真面目そうな子だった。彼も私に対してそのように思ってくれたのか、一緒にお風呂に入りながら色々話してくれた。どうやら女性関係でトラブルを起こしてしまったらしい。

彼は医者なので医師免許の剥奪を心配していた。自分が起こしてしまった事件を猛省しているようで、非常に落ち込んでいた。彼は私にしか自分の起こしてしまった事件の事を話してないらしく「誰にも言わないでください」と言ってきたので「大丈夫だよ。約束する」と言った。

彼の事は今後、医者君と呼ぶ事とする。

私は心の中で「やはり酒と女とギャンブルは人生を狂わせてしまうなぁ」と思った。

私は

酒：家では三杯！

女：秋穂ちゃん

ギャンブル：もともとキライ

うん！　完璧やな！

と、謎に自分の気持ちを心の中で整えていたタイミングで「53番、時間です。すぐに出てください」と呼ばれ、そそくさと身体を拭き、医者君に軽く挨拶をしてお風呂場から出て行った。

お風呂場から出るとロッカーへ向かい、届いたばかりの新しい服を取り出す。

すると！　フワッと物凄く良い香りが！

なんて言えばいいのだろう。何日もお風呂に入らず、洗濯もしない服ばかり着ている男達の悪臭しかしない中で、取り出した途端に広がる女の子の香りに感動！　……とろけた。

とても気分が良くなり、暇さえあれば何度も何度も服の匂いを嗅ぐ。普段の生活で常に香っていた匂いのはずなのに、匂いを嗅ぐたびにとてつもなく癒される。

10時頃になり、警察官から「取り調べです」と声をかけられ、取調室に呼ばれる。

今回の事件の事を色々聞かれるが、冒頭でも書いた通り、自分はオーナーで中身についてはほぼノータッチなので何も分からないため、会社を起業した経緯やなぜ『流動商品取引業』を始めたかなどの経緯を聞かれる。自分が知っている事はそもそも少ない上に隠す事も特にないので、なんでもスラスラと素直に答えた。

取り調べが終わり、夜ご飯の時間になる。今日出てきたご飯は『塩野菜炒め』。「キャー！」と叫びたくなるほど嬉しかった！　なぜなら、私と秋穂が同棲している家のすぐ近くにお気に入りのお弁当屋さんがあるのだが、そこでよく買って食べる弁当が『塩野菜炒め』なのだ。

秋穂の良い香りがする服を着て、秋穂と一緒によく食べる塩野菜炒め弁当を食べる。とても幸福な気持ちになり、癒された一日だった。拘留生活の中で一番美味しかったのではないだろうか。

そして、この日からグッスリと眠れるようになりましたとさ。

服からずっと良い香りが漂ってきていたからか、この日の夢も朝まで秋穂一色！

月にうつるあきほちゃん
あなたと♡
あきほちゃ〜ん!!

第5章　秋穂ちゃんの言う通り

5日目　2／1土曜日（拘留3日目）

本日は初洗濯日。四日間も同じ服ばかり着ていたので洗う物は少ないのだが、嬉しい！今日は少し寒いので、秋穂に差し入れしてもらったクロムハーツというブランドのトレーナーを着る事にした。

若い警察官の人が「うお！　クロムハーツの服だ。凄い」と服に反応する。歯磨きをしていても、他の被疑者の人たちから「クロムだー」「金持ち！」などと言われる。

うん。実は私はこういうのが大好きである（笑）。

自分からあえて何も言わずにちょっと凄い物をつけていて、気づいた相手から「それって〇〇の〇〇ですか？」って質問されたりするのが好きなので、普段から少し目立つ格好で装飾品をつけている事が多い（笑）。

もっと沢山のブランドの服を差し入れして欲しくなったが、悪い人達にあまり懐かれても不必要な繋がりを作ってしまうきっかけになると思い、追加で持ってきて欲しいとは言わなかった。

いつも通りの朝ご飯、掃除、歯磨き、洗顔（乾燥防止のために顔は石鹸では洗わず）が済み、10時になると運動という時間で警察官に呼ばれる。

運動と言われたので、海外ドラマの『プリズンブレイク』などで見るような運動場があったり、筋トレのマシーンやバスケットゴールがあったりするのかなと期待して移動すると、扉を二つ開けるだけですぐに到着。６畳くらいのスペースで４人程の被疑者達が電気シェーバーでヒゲを剃ったり、爪を切ったりしている。

基本的に拘置場の中では収監されている人同士は『通謀禁止』とされていて、会話はＮＧなのだが、運動時だけは被疑者以上に警察官の人数がいて常に会話を聞いているため、暗黙の了解で良しとされているようだ。

その時にいた被疑者は、パイナップルのような髪形をしている20代前半の男（以後、パイナップル君と呼ぶ）。前歯が一つしかなく髪形がちょんまげスタイルで体がマッチョの男の人（以後、ちょんまげ君と呼ぶ）。身長が１８０センチくらいで笑うとクシャッとした笑顔になる男の人（以後、クシャさんと呼ぶ）がいた。

彼らは、どう捕まったか、これからどうしていきたいか、いつ出られるのか、など思い思いのまま色々な話をしていた。

隣で聞いていると、パイナップル君はどうやら振り込め詐欺の受け子役として二度ほどだけ活動したらしい。「1回目は成功したけど被害届が出ていない。2回目は未遂に終わったんだけど被害届が出ている。今回は2回目の未遂事件で逮捕されて拘留されている」というような話をしていた。ちょんまげ君は傷害で逮捕されているようで、クシャさんはその時は自分の事を話していなかったので分からなかった。

私は運動場に入った時に軽く挨拶を済ませ、ヒゲを剃ったり爪を切ったりしていたのだが、「お兄さんは何で逮捕されたんですか？」と尋ねられた。正直、分かりにくい罪状だし、あまり話したくなかったので、警察官をチラリと見てみる。やはり会話は黙認している。

隠して変に詮索されたり敵視されたりするのも嫌だなと思い「流動商品取引法違反とい

うものです」と答えると、案の定「なにそれ？　聞いたことないな」と言われる。だが「ん？　ということは経済犯って事かな？　金持ちじゃん！」とパイナップル君とちょんまげ君のテンションが上がっているように見えた。

運動の時間は30分あるとの事だが、話す事もする事もないので早々に切り上げ、檻の中へ戻る事とする。

まもなくして「取り調べです」とだけ警察官に言われ、刑事さんが待つ取調室へ。ちなみに取調室に行く前に、金属探知機をかけられ、身体中を触診された後に手錠をかけられ、ロープで腰回りをグルグル巻きにされてから取調室へと移動し、着いたら手錠だけを外され、椅子に手錠をつけられる。移動距離がたとえ10メートルでもだ。

取り調べはいつもと変わらず、会社設立の経緯や自分が知っている少ない事だけを聞いてくるので何も苦ではないのだが、問題はトイレだ。腰に巻かれているロープを刑事さんに持たれた状態でトイレに入り、用を足す。ロープを持った刑事さんがトイレのすぐ外にいるため、ロープを通すために、ドアは少し開けたままでしなければならない。なかなか屈辱的である。

ちなみに拘置場に入ってからというもの、常にお腹の調子が悪い。ずっと下痢気味なのだ。よく考えてみると、飲む水が常に水道水であるため、普段はミネラルウォーターしか飲んでいない私の身体が順応していないと思われた。

拘置場内は冬場でも半袖で過ごせるほど暖房が効いていて、乾燥しているので、喉がよく渇く。それで水をもらっていたが、飲むたびにお腹が痛くなるのだ。

取り調べ中は、一度沸騰させている温かいお茶を好きなだけ出してくれる。私は毎回「これが水分を取るチャンスだ」と言わんばかりに大量に飲んでいた。

昼ご飯の時間になり、一度檻へ戻される。昼ご飯は『揚げブロッコリー一つ、レンコンとニンジンの炒め物、大きめのカニカマ』。

今までが小さくて臭いメンチカツだの、ブロッコリー三つだのしょぼい弁当だったため、お弁当箱を開けた時に「おおっ！」と声を上げてしまうほど、凄く豪華に見えた。美味しくも感じた。

ドロボーさんからの情報で「日によって担当のお弁当屋が変わって豪華で美味しくなる日があるんだよ」と聞いて知る。私は心の中で「おおお！　もしや今日はご飯が美味しい日なのか!?　そうなのか!!」と物凄くテンションが上がる！

午後の取り調べが終わり、小説を読みながら楽しみに夜ご飯の時間を待つ。

ころ～んとブロッコリーが二つのみ。

［ここで一句］

悲しみは
期待するから
やってくる

――財前心の俳句

・追記
秋穂は普段から心の平穏を保つために物事をあまり期待しないタイプで「期待しなければ良い事が起きなくても嫌な気分にならないんだよ」とよく言っていた。今まではあまりピンときていなかったのだが、ピンどころかガツンと身に染みた夜であった。

第6章　何事があろうとも静かに瞑想し続ける修行

6日目　2／2日曜日（拘留4日目）

今日は日曜日。待ちに待った、週に一度のコンビニで注文できる日なのだ！

届くのは来週の木曜日なんだけどね。おっそ！


今回注文したのは、シャンプー、お菓子、タオルや洗剤。

お菓子は1000円分と決められていて、警察官がランダムで購入するとの事で、種類や銘柄を選べない。

タオルは貸出の物があったが、貸出のタオルはお風呂に入る時に身体を洗うタオルにしたかったので自分のを購入した。


洗剤は、週に一度の洗濯の日にやってもらえるので購入する必要はなかったのだが「お金がある人は購入してください」と促される。

「え!?　これ買わないと洗剤で洗ってくれないいんですか？」と聞いたら「いえ、ちゃんと洗剤で洗いますが、お金がある人は買ってください」との事。なんじゃそりゃと思ったが、どうしても買って欲しそうだったので仕方なく購入。金額は200円くらいではあるが、ちょっと腑に落ちなかった。

買える物のリストをくまなくチェックしていると、雑誌が買える事に気が付く。

私は拘置場に入ってからというもの、ずっと心配している事があったので、ちょっとエロそうなのを買ってみる。読んだ経験はほとんどないが『週刊プレイボーイ』と『週刊フラッシュ』をチョイス。要は女の裸が載っていそうなイメージの雑誌を選んでみた。

3冊まで買えるため、最後の1冊は『週刊文春』を購入してみた。もしかしたら自分の記事が載っていないかなと少し期待していたからである。

10時頃、いつものように取り調べの時間になる。

すると、ひどく泥酔した70歳くらいのおじいちゃんが公務執行妨害で逮捕され、隣の取調室に連れられてきた。

警察官に絡みまくり、大声で騒ぎまくり、供述はチグハグ。しまいには、自分が70歳までチンコが元気な秘訣を教えてやろうか？　などとくだらない話ばかり大声でしているので、刑事さんが調書を作っている間、漏れてくる話を聞いて楽しんでいた。傍から聞いている分には大変楽しい酔っ払いと警察官の小競り合いではあるが、当の警察官は話の通じない、やった事も覚えていない酔っ払いを相手にするのは本当に大変そうだった。

昼ご飯の時間になり、戻ってご飯を食べる。開けてすぐに酢豚と分かるが、豚は一切れしか入っておらず、ほとんど玉ねぎ。ま、こんなもんだ。

食べ終わって取り調べに戻ると、未だに泥酔おじいちゃんが意味不明な会話を大声でし続けていたが、釈放されたのか、しばらくすると声が聞こえなくなった。

取り調べというのは大体いつも5時間ほどある。自分が喋る時間は1時間半くらいで、後は刑事さんがタイピングして調書を作成する時間だ。待ち時間が長いため「暇つぶしにはちょうどよかったんだけどなぁ」と泥酔おじいちゃんがいなくなったのはちょっと残念だった。

取り調べが終わり、16時頃。自分が入っている『第3室』に戻る。

すると！　先ほどまで隣の取調室で暴れていた公務執行妨害泥酔おじいちゃん（以後、泥酔ジジイ）が同室に……。波乱の予感しかしない……。

これで私が宿泊している『第3室』はドロボーさんと泥酔ジジイの三人部屋になるわけだが、入った時から泥酔ジジイは眠っており、イビキがとんでもなくうるさい！　絶対寝られない……。イビキというか喋っているのだ！

例えばため息をつく時に、息ではなく、かなり大きめの音量で「ふぅ〜！」と言う！そしてめちゃくちゃ酒臭い息をこちらに向けて大量に吐いてくる。

イビキもしっかり大きめの声に出して「うぅ〜！　あー！　ぐぅ〜！」と喋っている！

いやいや、イビキというのは息を吸う時に鼻などから仕方なく音が出るもので、息を吐く時に声を出して喋るものじゃない！　まじでうるさい！「ぐぅ〜！」って息を吐く時に声を出して言うなんて、違和感しかない！

警察官が「他の人に少しでも迷惑をかけたら独房行きにするとかなり脅しをかけた」と言っていたので、こちらに絡む事はなかったのだが、とんでもなくうるさい。

泥酔ジジイが1時間くらいして本格的に寝ると、本物のイビキが発動！　今度は通常のイビキと同じく、息を吸う時に「グガー！　グオー！　グッ……（しばらく時間が経つ）ゲェッホゲホ！！」と無呼吸症候群の特徴を交えながらとてつもない音量でイビキをかく。

「じゃあさっきのはやっぱりイビキじゃなくて喋ってたんじゃないか」と心の中でツッコんだ。

イビキモドキの喋りからの大音量イビキでうるさい泥酔ジジイが、急に立ち上がってトイレに行った。その際、立ったまま小便をしている事に気分を害したドロボーさんの怒りが爆発！

檻の中のトイレは、通常のトイレにあるような小便、大便を分けるフタはついておらず、汚さないようにするためにみんな座って用を足すのが暗黙のルールなのだ。

ドロボーさんは2日目に起訴が決まって不機嫌だった事もあり、泥酔ジジイに怒る怒る！

「なんでこの構造のトイレで立ったまま小便してるんだよ！　汚したらそれを洗うのは誰だよ！　そもそもイビキがうるせーよ！」と怒鳴った！

「いいぞ！　ドロボーさん！　やれやれ！」と心の中でエールを送るが、すぐに警察官が飛んできて「どうしましたか!?　何か問題が起きましたか？」と制止した。

ドロボーさんが警察官に説明し、泥酔ジジイは『あー怒られちゃった！　てへ』みたいな表情でニヤニヤしながら手を後頭部に添えてペコペコしている。

一旦、落ち着きを取り戻し、また泥酔ジジイは横になる。すると今度は「さ、寒い！」と大声で言いだす。「すいませーん！　警察官！　俺に服をくれ！　寒くてこれじゃ風邪ひいちまうよ！」と警察官に文句を言う。

警察官は「ここは洋服屋じゃないんだよ！　貸し出す服はもうない！」と一蹴。あきらかに厳しい態度で泥酔ジジイを抑え込もうとする。

泥酔ジジイは『ちっ！』と舌打ちをし、また横になる。数分してすぐにブルブルと身体をわざとらしく震わせ始めた。ちなみに私は半袖で全然寒くはない。

また泥酔ジジイが立ち上がり「警察官！　寒いよ！　寒くてこごえてしまうよ！　オイラは風邪ひきたくないんだよ！　ありえねぇよ！　こんな仕打ち！　俺の服を着させておくれよ！」とまたもや大声で抗議する。

不機嫌そうな警察官が檻の柵の前まで来て「うるさいよ！　服はないって言ってるじゃないか！　貴方のズボンはヒモがついているから場内では着られない。もし着たいのであればヒモを全部取って穴を埋めるが、それでもいいのか⁉」と強い口調で言うと、泥酔ジジイは「ああ！　それでいいよ！　なんでもいいから服をもっと着させてくれよ！」と負けずに強い口調で言い返す。

警察官がしばらくいなくなり、持って帰ってきたのはどうやら泥酔ジジイの自前のズボンだ。何の変哲もないジャージ生地のズボンで、もともと大きめのをヒモできつく締めてはいていたのか、ゆるゆるになっている。

それを泥酔ジジイははいてみるが、腰回りが相撲取りでもゆとりをもってはけるくらいのサイズになってしまっていて、はいた瞬間、足元まで落ちる。これをトイレに行くたび、警察官と口論になるたびに繰り返すのだ。これを見るたびに「ぷっ！」とふきだしそうになってしまい、笑いをこらえるのが大変だった。

夜ご飯の時間となり、白身魚フライが出てくる！　これも秋穂とよく行くお弁当屋さんで食べるおかずだ。「秋穂も今頃食べているかな」と気持ちがほっこりしたので、すごく美味しく感じた。

就寝時間になると泥酔ジジイの身体からやっと酒が抜けたのか、〝喋るイビキ〟はなかったが、どうせこの後うるさくなるだろうと思っていた私は『必殺ティッシュ耳栓』をして、そのままグッスリ安眠できた。しかし、私が寝た後に爆音でイビキ祭りが始まったらしく、翌日ドロボーさんが大クレームを警察官に言っていたようだ。

あ、そうそう。今日初めて分かった事がある。
寝る前にパンツを着替えようとして、少し物陰に隠れようとしたら「あ、隠れたらダメです。見える所で着替えをしてください」と警察官から言われる。「あの、パンツなので真っ裸になってしまうから」と言っても「ダメです。そこでしてください」との事。心の中で「なぬー！」と叫ぶ。

このやり取りで他の収監されている被疑者達も檻の中からニヤニヤしながら覗いてくるし、他の警察官達も見てくる。起床&就寝時間や運動時間など被疑者達が沢山檻から出てくる時間だけは被疑者の量より警察官の人数を多くしないといけないため、普段はガランとしていて人があまりいない場内に人が沢山いるのだ！

「仕方あるまい」と私の脱毛したての、まるで赤ちゃんのような、全く毛の生えていないつるつるチンコちゃんと玉ちゃんをさらけ出す。

ここに囚われてから6日間ウンともスンとも言わなくなってしまったチンコちゃんは、まるで岩の上で瞑想し続ける修行僧のような出で立ちであった。

もしくは漫画『ジョジョの奇妙な冒険』に出てくるキャラ、ディアボロのスタンド（特殊能力）、キングクリムゾンの頭についているエピタフの能力を使うヤツみたいだった。

第7章　志願兵

7日目　2／3月曜日（拘留5日目）

朝から取り調べ。基本的に毎日、取り調べか、検察庁に行って検事さんと話す予定が入る。今のところ、毎日。

取り調べと言っても、出資をしただけで会社にも行かずに全て部下に任せていたため、私が知ることはかなり少なく、ほとんど雑談に近いような取り調べである。

そもそも拘留というのは「逃亡の恐れあり、証拠隠滅の恐れあり」という人に対して行われるらしい。逃げる意味もなければ、証拠どころかほとんど中身を知らない私を拘留するのは、誰が見ても必要はないと思うのだが。

午前中の取り調べが終わって戻ると、なんと部屋チェンジとなっていた。今までいた『第3室』から『第4室』へ移動となったのだ。昨日から入ってきた泥酔ジジイがいなくなっていたので、その関係で部屋移動になったんだと思われる。

ここで一週間一緒だったドロボーさんとお別れになり、次は前回のお風呂の時にたまたま一緒になった若めの爽やか青年である医者君と同じ部屋になる。第4室にはもう一人先住民がいて、70歳くらいのおじいちゃんと三人部屋となる。

入ってすぐに気づくのだが、この70歳くらいのおじいちゃんの独り言が凄い。ヒソヒソ話のようなボリュームの声で、彼が頭の中で考えている事を全部喋っているのだ。頭の中が隅々まで丸見えでございます。一言も話さなくても、このおじいちゃんとは親友になれると思う。なりたくないけど（笑）。

彼がよく呟いていたのは「はぁ～。この拘留が終わったら刑務所かぁ～」「どうせ入るなら１年じゃなく３年くらい行きたいなぁ～」「３年とは言わずせめて２年半くらいは～」「仙台に旅行しておけばよかったなぁ～」「でも早く刑務所に行きたいな～」など。シャバに対しての思い残しは仙台旅行に行きたかったというだけで、他にはないようだ。むしろ刑務所に憧れてしまっている。凄い価値観だ。

新聞を読んでいても、記事に対する自分の考えがダダ漏れ。政治に興味のない事や、離婚して妻や子供に逃げられた事、ホームレス経験者だという事など、何でもかんでも喋ってしまっている。隠し事なんてできない性格である。

何かの記事で読んだ経験があるのだが、友達やパートナーなど近くに何でも話せる人がいない時間が長いと、ドンドン社会不適合者になり、酷くなってくると独り言が増えてくるそうだ。そこまで行くと精神的な病気となり独り言が酷くなるらしい。もうこのおじいちゃんはそこまでいってしまっているのだろう。

ヒソヒソと囁いているので、うるさくはない。だが、ヒソヒソ話ってやってみるとわかるが意外とハッキリ聞こえるものだ。初めは私に話しかけられていると思い「え!?」とか「何か言いました?」とか反応してしまった。

このおじいちゃんは所謂「志願兵」と呼ばれる人らしい(以後、このおじいちゃんを志願兵と呼ぶ)。簡単に言うと『刑務所に入りたくて罪を犯して刑務所へ行く人』を比喩して警察官の会話の中でたとえられるそうだ。

シャバでの仕事はないようで、所持金も全くないから日曜のコンビニ注文はできないそうだ。外の世界にいても、お金もなく、妻と子供には逃げられて、話せる友人もいなく、お腹も空くし住処もない。年齢的に親や頼れる兄弟もいないのだろう。

そういう人は、そんな世知辛い世界にいるくらいなら、暖房が効いていて寒くも暑くもなくお風呂にも入れる、服を貸してくれて洗濯もやってくれて、水や食料も無料で提供してくれる、こういう暮らしも悪くないのかもしれないと思うのだった。

ちなみに後から聞いたのだが、捕まった理由は『窃盗』だそうだ。捕まりたくて自転車を盗み、捕まるまでその自転車を保有して乗り回していたそう。刑務所にすぐ入れられるであろう暴行などに比べると非常に軽い罪だが、同じ罪を何十回も繰り返す事によって逮捕、刑務所行きはありえるのだという。

昼ご飯は、何かのクキを5本くらいと小さな油揚げ3枚と豚バラ2枚を炒めた物。

夜ご飯はコショウ味の野菜炒めだった。

美味しくも何ともないが、この頃から「美味しいご飯が食べたい」という気持ちは皆無になっていった。ただ単にお腹を満たすモノとして捉えているため、何を食べたかを思い出すのも一苦労になっていく。

取り調べと食事以外は暇な時間が多く、このままだと身体がなまってしまうし、元気がなくなりそうだったので、筋トレを開始する事とする。メニューは腹筋50回と腕立て伏せ80回程度だが、何度も拘置場に入っている志願兵さんやドロボーさんを見ているとヨボヨボなので、身体が弱っていくのを防ごうという気持ちになったのだと思う。

なんだかこの一週間で痩せてきた気がする。留置場に入った時は72キロで過去最大体重だったので、この機会にダイエットも兼ねようと思う。

第8章　本当の理由

8日目　2／4火曜日（拘留6日目）

本日は朝から検察庁へ行き、検事さんと話すとの事。3日目の物凄く辛かった一日を思い出すが、不思議な事に、暇に慣れたというか、瞑想みたいな感覚を覚えた。一旦頭を無にして時間の経過を全く気にせず、これからの事、秋穂の事、家族の事、過去や現在や未来の仕事の事などを考え、一個一個整理していく時間に使うと、あっという間に2時間くらい過ぎる技を習得したのだ。

2時間くらいで疲れてしまうのか、一度我に戻り、数十分休憩した後、また瞑想にふける。これを繰り返していると頭の中が整理され、色んなパターンでも対応できるように心の準備ができ、今までの人付き合いやお金の使い方、将来設計や自分が本当に感じる幸せの価値観などまで明確に見えてくるのだ。

外の世界では、仕組みをしっかり作った後は会社経営を部下に任せ、今まで10年もの間、時間も自由に使えるお金もたっぷりあった。ブランド品や高級マンション、高級車、高級時計などに囲まれ、豪華な食事を楽しみ、豪遊する日々に長年浸かっていたのだ。だが、実際に自分の幸せとは何か？　と考えると、今まで過ごしてきた時間にはそこまで意味がなく、もっと大事なものを見落としていたと心から感じたのだった。

それを踏まえ、今後の私生活をどうしていくか。結果的に現在捕まってしまっているのは仕事の立ち位置を間違えてしまったからだ。――など明確に今後の人生のビジョンを組み上げていく時間に使うことができた。

この日も待ち時間は計9時間くらいあったが、瞑想を習得した私にはそこまで辛い一日ではなかった。私のつるつるチンコちゃんは相変わらず、拘置場に入った当初から瞑想し始めて8日経つので、まるで瞑想の親子共演のようである。心配である。

昼ご飯は前回と同じように、手錠をかけられている得体の知れない数名の被疑者達と共に、6畳ほどの檻の中で食べる。手錠を両手にしていると食事しにくいので、箸を持つ方の手だけ外してもらえる。自分は右利きなので右だけ外してもらい、左手に二つの手錠をかける。

ご飯の時間以外は水道水しかもらえず、お腹を壊したくないから極力飲まないようにしているが、この時間だけは一度沸騰させたお湯がもらえるため、ここぞとばかりに何杯も飲む。

待ち時間の長い検察庁が終わり、収監されている警察署へ戻る。戻る時には相変わらず大量の警察官がお出迎えをし、まるで凶悪犯のように厳重な警備の元、拘置場に誘導される。こんな状況で逃げる事など微塵も考えられないほどの圧迫感と厳重な警備だ。

それでも自分がもし脱走を考えている人間だとするならば、この移動のタイミングがベストであろうと感じる。拘置場内にいる時は沢山の扉があり、扉の先には警察署があり、沢山の警察官が待機している。監視カメラも沢山あり、牢屋は人間の力では絶対に壊せないような分厚い鉄でできている。さらに窓にも格子と鉄の網が張ってあり、ネジの部分は溶かした鉄で隙間なく埋められていて、どう考えても脱出は不可能だからである。

移動中は車内に警察官が被疑者と同人数しかいなく、さらに車の壁一枚挟んでシャバの世界だし、手錠の鍵は警察官が持っている事が明白。運転席と後部座席は鉄の格子で隔離されており、車の扉は内部から二重ロックされているものの、脱出は何とか可能だからだ。

なので、被疑者が外に確実に出るタイミングの到着時はこれだけ厳重な警備にしているのだろうと感心していた。被疑者2～3名に対し、待ち受ける警察官は15名以上いる。

警察署に入り、食事を摂る事となる。メニューは肉じゃが。この8日目から今の環境に慣れたのか、硬い地面、硬いコンクリートの壁に身体を預けていても、身体が痛くなくなってきた。あれだけ身体中が痛かったはずなのに、長時間過ごしていても、快適ではないにしろ、あまり苦痛ではないのだ。

人間はどんな環境でも1週間程度で慣れてしまうのだろうか。凄い。

外の世界で毎日のようにしていた飲酒、美味しい食事、贅沢、ゲーム、インターネット、携帯など、この時期から全てもともとなかったかのように無である。

先に挙げた「贅沢」とは、たいそうなものではなく、ソファーやクッションがあるとか、テレビを見るとか、水道水じゃなくミネラルウォーターが飲めるとか、トイレが個室で誰からも見られないとか、髪を洗う時にコンディショナーがあるとか、身体を洗うタオルがあるとか、綿棒が使えるとか、洗顔後にすぐ化粧水を塗れるとか、シーツを毎回替えられるとか、お風呂や洗濯や着替えが自由にできるとか、甘い物を食べる、コーヒーが飲める、タバコが吸える、とかその程度のモノ。拘置場にいるとこんな些細な事が贅沢だったのだと気づかされる。そして慣れてしまえば、そんな贅沢もどうでもよくなるのだ。

唯一、どうしても毎日何時間も考えてしまうのは『秋穂に会えない、連絡も取れない』という事実だけ。

『煩悩がなくなっていき、愛だけが残る』というか、必要な物、どっちでもよかった物、無駄だった物が明確に見えてきて、頭の中には本当に心から必要としている物しか残らないような感覚になっていった。

実は、ここまで話に出てこなかったのだが、私には子供が二人いる。12歳と7歳の女の子だ。

上の子には電話とメールしかできない子供用携帯電話を持たせているのだが、普段毎日のようにメールをするので、私が１週間以上メールの返信をしない事を不審に思い、騒いでいるそうだ。

この日、弁護士の吉野先生からこの話を聞いた。

ううーむ。出てからなんて説明しようか。

そのくらいの年齢の子供だと、周りに言いふらすしなぁ。

第9章　リックの気持ちが分かった日

9日目　2／5水曜日（拘留7日目）

本日は拘留されてから2回目のお風呂！　あのね、本当に気持ちがいい！

『ウォーキング・デッド』という海外ドラマを見た人なら分かると思う。見てない人のために簡単に説明すると、『ウォーキング・デッド』はケガで入院していた主人公のリックが、目が覚めた時にはすでに世界中の人間がゾンビになっていて、生き残った人間たちと力を合わせて生き抜いていくというドラマだ。

リックがずっとお風呂も入れずにさまよっていた時、シャワーのある場所をやっとの思いで見つけ、嬉しそうに浴びるシーンがある。

それを見た時には「シャワーくらいでこんなに嬉しいものだろうか？」と思ってたんだけど、本当に嬉しい！　お風呂やシャワーは毎日浴びれるあたりまえのモノだと思っていたが、お風呂はれっきとした娯楽であり、大変快楽を伴うイベントだという事に気づかされた。

拘置場では5日に一度しか入れないので、4日目とかは起きた時からツライ。

いや、3日目からツライ。2日目までは頭が痒いというくらいで済むのだが、3日目から痒い部分が少し腫れ始め、４日目には痒くて腫れた部分がジンジン痛くなってしまう。これは私が長髪というのも関係しているのだろう。

坊主に近い短髪の人は顔を洗える時間についでに頭を洗ったりしている。顔を洗う時間に髪の毛まで洗うのは基本的に禁止されている行為なのだが、ついでにサッと洗えてしまうため、警察官は坊主に近い髪形の人の洗髪行為については黙認しているのだ。

脂ギッシュな髪の毛や頭皮にシャワーがあたり、５日分の身体の汚れを洗い落とす。なんという快楽！

まだ注文したシャンプーが届いていないため、看守の人からもらう量でしか洗えないが、長い時間をかけて髪を洗い、泡をそのまま流さず、身体を支給品の石鹸で手を使って洗う。身体を入念に洗い終わって、最後に頭と一緒に洗い流す。汗臭かった身体が石鹸の良い匂いに変わり、最高の気分になる。

余談だが、この頃から筋トレは腕立て１２０回、腹筋１００回くらいできるようになっていたが、お風呂に入れないため、とても汗臭かったのだ。
拘留暮らしが長くてこの生活に慣れてしまい、日常的に不潔になってしまう人も中にはいると聞いたことがある。私はそうならないように気を付けようと思った。

昼ご飯はからあげ1個と昆布と豆を混ぜた物。白米は茶碗3杯分くらいの量があるんだけど、唐揚げをちょっとかじって白米大口、また他のおかずをかじって白米大口、の繰り返しじゃないと白米が食べきれない。

夜ご飯は小ぶりの薄いシャケ一つ…。味が濃かったのでなんとか白米を食べきれる。これもおかずをちょっとかじって白米大口の繰り返しである。野菜不足になる事は間違いないのだが、定期的に野菜ジュースをもらえているので、ビタミン不足で口内炎ができたりすることはなかった。

話は変わり、今日の取り調べの時に刑事さんから聞いた話で、会社の運営を任せていた木村の弁護に、ワイセツ罪で捕まった有名な芸能人と同じ弁護士さんがついたと聞いた。

その弁護士がついてからというもの、木村は黙秘やサイン拒否をし始めたという。

おいおい。今まで散々供述してきて全員の供述は一貫しているのに、今更、黙秘やサイン拒否をしてもどうにもならないと思うのだが。会社で違反行為があったのは間違いないのだし、彼が陣頭指揮を執って会社を推し進めていたのだから事実を変えることはできないのに、何しているんだか。

個人の自由だから、彼が勝手に否認して国と喧嘩するのは一向に構わないんだけど、私たちを巻き込まないで欲しいと思う。基本的に、事実を否認する場合は徹底的に争うという事になり、出られなくなると聞いている。

今回、私と木村と中下の三人が逮捕されているのだが、この事で私と中下も出られない事にならないか心配だ。

もう一つ、留置場に入る直前、木村は会社内で横領した事が発覚していた。出資者である私に戻ってくるはずの５００万もの大金をそのまま自分のポケットに入れてしまったのだ。その件について刑事さんづてで聞いてもらうと、木村は「自分が出資したお金を回収しただけで横領ではありません。何かの間違いです」と嘘の供述をして正式な調書まで取ったという。それを刑事さんから聞き、実際にその調書も見せてもらった。

会社の全ての陣頭指揮を執っていた事を否認し、なるべく他の人に罪を被せようしていて、さらにお金を盗んでいる事実まで警察に嘘をついて正当化している。10年以上彼を信用して、会社の運営を全て任せていたので、会社が問題になったこの土壇場で人間がすっかり変わってしまった木村に心底ガッカリした。

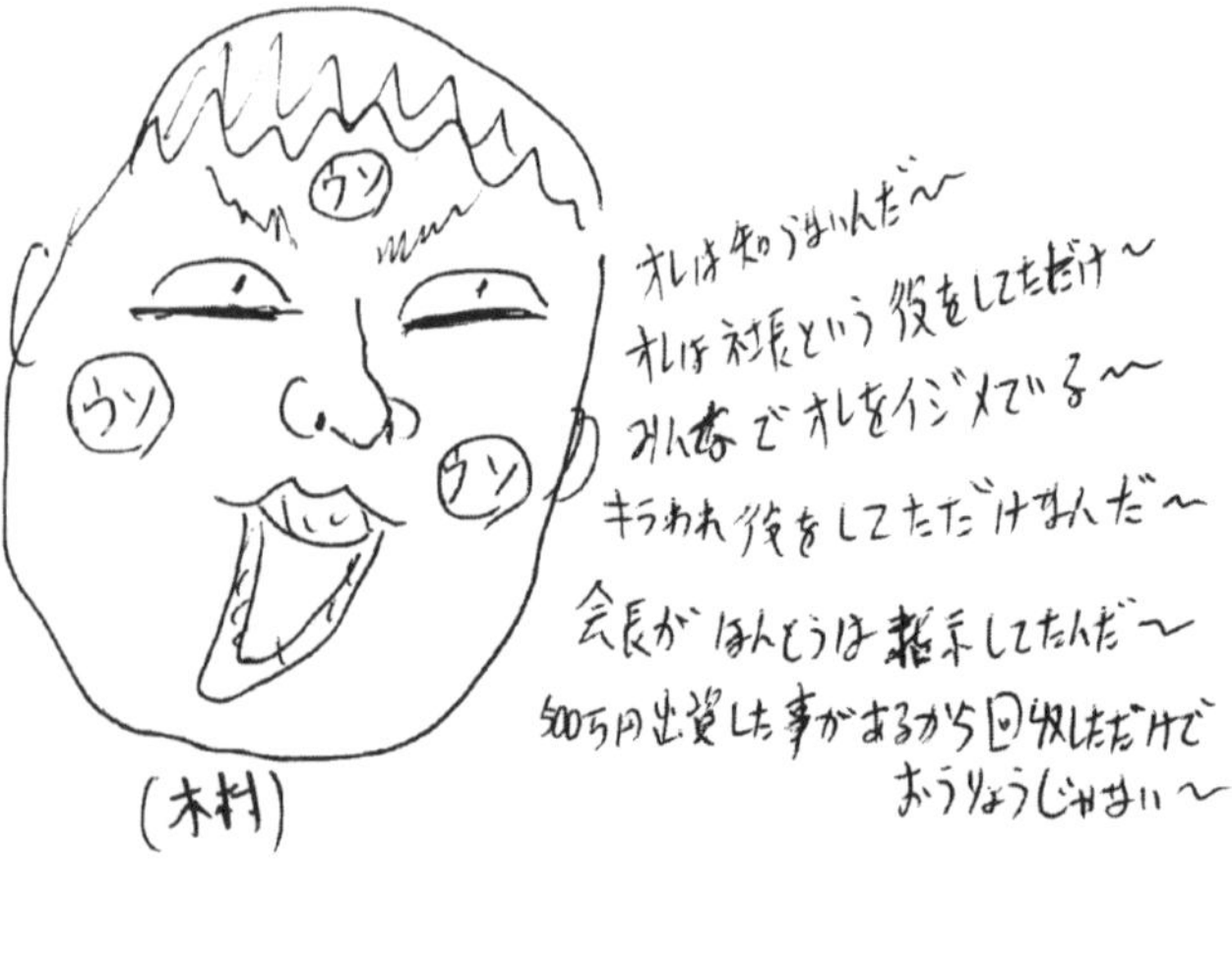

第10章　生存確認

10日目　2／6木曜日（拘留8日目）

今日は朝から検察庁へ。検事さんとある程度打ち解け、何でも話せるようになり、うまく話をできたのではないかと思う。

昼ご飯はカレーとハムカツ。うーん。箸で食べるカレーは新鮮だ。

カレーは固まっているので箸でかき混ぜ。箸ではカレーをすくう事はできないので、ご飯をカレーに入れるようにしてなんとか食べた。ハムカツに関してはほとんど衣なので油を食べているようだ。

しかし、検察庁で食べるご飯はおかずが比較的多くあり、警察署内で食べる物よりも美味しく感じた。今日は被疑者の数が非常に少なく、檻の中に私一人しかいなかったため、リラックスして食べる事ができたのが味に影響したのかもしれない。

習得した瞑想を使って長い待ち時間をサクッとこなし、警察署にある拘置場へ戻る。

18時になり、夜ご飯は『ちくわを卵でとじたもの』が出てくる。美味しくも何ともない。

そして！　コンビニで購入した物資がやっと届く！　私はこの日を待っていたのだ。いや、私というよりはだな……、チンコちゃんの生存確認をせねばならぬ！

届いた雑誌を見てみる。久しぶりの女性だ。

普段は写真やテレビやインターネットで毎日のように女性を見るが、この生活になってからは写真なども含めて一度も目にしていない。物凄く新鮮に感じる。

テンションが多少上がるものの、私のチンコちゃんは反応せず。なんというか、セクシーな恰好やポーズを取っている週刊誌の女性達が果物などの食べ物のように見える。身体は反応しないが、やはり本能の条件反射として心の中ではセックスの対象に見えているのだろうか。

物心ついてから今までこんな事は一度もなかったのだが、拘留されてから10日間もの間、私のチンコちゃんが1ミリたりとも微動だにしない事が本気で心配になっていたため、生存確認をしたかったのだ。……が、駄目だった。

「うーん」という溜め息にも似た独り言を言い、一応、全部のグラビアに目を通す。

すると！　一つのグラビアで反応したのだ！『ジョジョの奇妙な冒険』で出てくるジョニィ・ジョースターのように、上半身を起こす程度だけども！　※あざらしが頭だけ上げているように上半身だけを起こしている感じを想像してくれればよいです。

そのグラビアは、秋穂が夜の営みでたまに着てくれるメイドさんの恰好をしている！

これを見たジョニィ・ジョースターは動き出す！　しかし……長続きはせず、３割くらいに到達しただけで折り返し地点を迎えてしまう。うーむ。

よく考えてみれば私は昔からオナニーをする習慣がなく、AVを見ても反応するのは難しいのに、静止画の雑誌などで興奮するわけがなかった……。

しかし、生存確認としては成功であった。

第11章　よくあるやり取り

11日目　2／7金曜日（拘留9日目）

朝10時に行われる運動時。唯一拘留されている人々同士で話せる時間。

5日目にも書いたように、運動といっても6畳くらいの狭い空間でヒゲを剃ったり爪を切ったりできるだけで、外の空気を30分間吸えるだけの時間である。

その空間に被疑者よりも多い人数の警察官が監視していて、被疑者同士の話を全部聞いている。別に口出ししたり、会話に入ってきたりはしない。


私が運動場に入った時にはすでに5人ほど先客がいて、5日目に一緒になったパイナップル君とちょんまげ君もいた。明らかに20代前半のパイナップル君以外は全員私にタメ口で喋りかけてくる。

心の中で「やっぱ捕まる人たちというのは品がないから、初対面の人にもタメ口が基本なんだろうなー」と思って別に気にしていなかったんだけど、「何歳なの？」と不意に聞かれたので「37歳です」と答える。すると、「えー!?　年上だったの!?　全然下かと思ってました！」と警察官を含めて周りがどよめく。

一気に話題の中心になってしまった。歳は上に見ても27歳くらいかと思っていたそうだ。私は普段から年齢よりも若く見られがちなので、よくあるやり取りであった。

うん、この人達
私の事ガキと
思ってるなw
ペチャ クチャ
ペチャ クチャ
ペチャ クチャ

その後、私の仕事の話や逮捕の経緯、住んでいる場所や家賃の金額の話にまでなってきて、運動場にいた一人のちょんまげ君が「連絡先教えてください」としつこく言ってきた。連絡先交換などは禁止と言われていたのでチラッと警察官を見てみるが黙認している。さすがに得体の知れない人と連絡先を交換して外に出てからも繋がりたくはないので「トイレに行くので戻りますね」と適当に嘘をついて部屋に戻る事にした。

後から同じ第4室の医者君に聞いたのだが、彼はヤクザだそうだ。人をボコボコに殴った傷害罪で逮捕されたそうで、やはり関わらないで部屋に戻ってよかったと思った。医者君は悪い人でもなさそうなので、仲良くなり、何でも相談できるいい関係になった。

ちなみに檻の中では被疑者同士は話してはいけない事になっていて、堂々と話すことはできない。小さいヒソヒソ話で会話するのだ。

ヒソヒソ話でも20分に一度くらいの頻度で警察官が覗いてくるため、バレると人差し指を口に当ててシーッと注意してきたり、何度も続くと「話してはいけません。静かにしてください」と口頭で注意をされてしまう。

本当に誰とも話したくない人は、黙っていればあまり話しかけられる事もないと思う。

12時になり、昼ご飯の時間となる。メニューは鶏肉コロッケであるが、1個しか入っていない。これでご飯3杯分くらいを食べなければならないため、ちょっとだけかじってみる。中には鶏肉が半分くらい入っているのだが、半分は何やら得体の知れない、鶏肉に食感が似た緑色の野菜のような物が入っている。そこまでケチるか！

昼過ぎから取り調べで刑事さんと話し、夜ご飯の時間になる。夜ご飯は豚バラ炒め。味が薄くて相変わらずうまくもなんともないが、無心で腹に収める。もうご飯なんて楽しみでもなんでもなく、作業になりつつある。

今日は11日目だが、正式に拘留されてからはまだ9日目。あと11日もあるのかと思うと気が遠くなるが、弁護士さんづてで「彼女はちゃんと待っていてくれてる」と聞いていたので、秋穂と会えるのだけが楽しみだ。

第12章　拘留日記を書き始めた日

12日目　2／8土曜日（拘留10日目）

本日は土曜日。
私がここに入ってからは土日も取り調べはあったが、刑事さんの取り調べは本来、土日はないそうで、今日は取り調べも検事調べもなし。という事は、ずーっとただ単に檻の中にいる初めての日でござる。

やる事もないので小説を読もうかと思ったが、せっかくこんな貴重な体験をしているのだから、食事や待遇だけではなく、この生活で起こった事件や気持ちの変化まで秋穂にちゃんと伝えよう！　と思い立ち『あらすじ』から書き始める。

書き始めたらペンが止まらなくなり、あっという間に昼ご飯の時間になる。ちなみにペンは警察官から借りられるのだが、借りられる時間が決まっており、ちょっとしたルールも存在する。
まず、新聞が部屋に入っている時はペンを借りる事はできない。一つの新聞が全部の檻に回るシステムのため、新聞の中に自分の連絡先を書くなどして被疑者同士が連絡先交換をするのを防ぐためだそうだ。

次に、ペンの貸出時間は、10時頃に行われる運動の時間が終わってから開始するというもの。そのため、起きてから10時くらいまではずっと暇である。

12時の昼ご飯の時間にもペンは回収され、13時になったらまた借りられるようになる。同じく夜ご飯時には回収され、それ以降は借りる事はできない。


例外として『弁護士さん宛の文章であれば、時間外でもペンを借りられる』との事で、借りている人を見たことがある。

「じゃあ弁護士さん宛の文章を書くから貸してくださいって言えば、いつでも借りられるじゃないか！」と思って医者君に相談したら「もし、弁護士さん宛の文章を書いていない事がバレると制裁があるそうですよ」と言われ、時間外に借りる事は断念する。


この日で一気に半分くらいは書き終わり、充実した一日になった。

拘置所や刑務所の事は結構色んな本が出ているので、この留置場の事を事細かに書いた本を出版してみようとこの日心に決める。

12時の昼ご飯はアジフライ。魚が凄く生臭く、小さい。

この日のペン貸出時間が終わり、出てきた18時の夜ご飯は……

『塩焼きそば』

フタを開けた瞬間フリーズしてしまった。

「え？　塩焼きそばで白米を大量に食えと？」

塩焼きそばに白米とだけ聞けば、メタボの人達は「え!?　全然いけるじゃん」と言うかもしれないが、冷え切って固まった、ほとんど味がしない麺で白米を大量に食べなければならないのである。

第13章　炭水化物 on 炭水化物 2days

13日目　2／9日曜日（拘留11日目）

今日は待ちに待った洗濯のできる日。洗い物が溜まりに溜まっていたのでとても嬉しい。週に一度、日曜日しか洗濯できないので、毎日、着る服を考えないといけない。ちなみに検察庁は嫌がらせのように暖房があまり効いておらず、必ずヒートテックを着ないと寒くてしょうがない。

普段の留置場内はしっかりとエアコンが効いているため、朝方以外は半袖で過ごせるほど快適。なので生活する時の気温を考慮し、1週間、何を着るかをちゃんと考えて服を選んでいた。

朝7時に起きてからいつも通り部屋の掃除をする。三人部屋で、掃除の内容は掃き掃除、拭き掃除、トイレ掃除の3種類ある。私は新人だったこともあり、当初「みんなトイレ掃除はやりたくないだろう」と思い、留置場に入ってからはトイレ掃除を率先して担当していた。

どこの誰だか知らない人が使っているトイレの掃除は嫌だろうと思うかもしれないが、実はトイレ掃除が一番楽だと個人的には思っていた。なぜなら、私は腰痛持ちで中腰で作業する事が苦手だから。

掃き掃除は、背の低いホウキを使って部屋中をちゃんと隅々まで掃くので、腰に少し負担がかかる。拭き掃除は、四つん這いになり、お風呂も入っていなければ洗濯もしていない服でみんながゴロゴロしている所を隅々まで拭かなければいけない。それに対し、毎日掃除していて、警察官が掃除前に毎回消毒をしてくれる、狭いスペースしかないトイレを軽く水拭きするだけの方が断然楽なのである。

10時頃になり、刑事さんの取り調べが始まる。あと数回でこの取り調べが終わるという事を伝えられる。いよいよ大詰め感が出てきたが、相変わらず自分の調書はほとんどたわいもない会話が続いていた。

12時になり、一度『第4室』へ戻され、昼食となる。メニューは、チーズが練り込まれたハム二つ。

再度、警察署内の取り調べ室に戻り、15時に終わる。

ここで、15時の『おやつタイム』となる。おやつの時間に出てくるものは、自分が注文したおやつ以外はお茶1杯だけ。つまり、日曜の注文日にコンビニでおやつを注文してない人は、お茶1杯だけしか出てこないという事だ。

自分は頼んでいたお菓子があったので、それがバサバサと10袋出てくる。だが、普段からお菓子を食べる習慣がない私は、別に嬉しくも何ともなかった。ポテトチップス1袋だけを食べ、残りの9袋は警察官へ返す事とする。

16時頃になり、弁護士の吉野先生が面会に来てくれる。20日間の拘留生活が終わると「起訴されるか、起訴されないか、略式命令という罰金刑」の三択になると聞かされる。どうなる事やら……。

18時の夜ご飯の時間となり、唐揚げ1個とミートパスタが大量に敷き詰められた弁当がおかずとして出てくる。

これと、ごはん大量を
食べなければいけない、、、
小さいおかず
小さいおかず
小さいおかず
小さいおかず
からあげ
ほとんどころもの
からあげ

ん～。なんだか急に炭水化物祭りになってきたぞ。二日連続、大量の麺で大量の白米を食べなければならない。

私は基本、毎日のように取り調べや検事調べが入るため今まで経験はなかったが、どうやら二週間に一度、被疑者達は健康診断を受けているそうだ。前に私が検事調べで検察庁に行っている間に健康診断は行われていたらしい。その時に体重測定があるそうで「被疑者達の体重が減ってきたから炭水化物を食べさせまくって太らせようとしているのか？」と心の中で思った。

余談だが、筋トレはこの頃から腕立て伏せ１５０回、腹筋１００回くらいできるようになってきた。

第14章　囁く者

14日目　2／10月曜日（拘留12日目）

本日は五日ぶりのお風呂の日。2月5日以来入れていないのだ。

今回はシャンプーを購入しているので頭を洗いたい放題できる！

9時頃「お風呂の時間です」と警察官に呼ばれ、お風呂場へ。早速頭をシャンプーで2回入念に洗い、スッキリする。その後、毎日の筋トレと生活で汚れ切った身体を支給品の石鹸で入念に洗う。とてもスッキリしたが、どうもまだ頭が洗い足りない気がしてもう一度頭をシャンプーをたっぷり使って洗い始める。

すると、お風呂場の入り口の方から警察官が顔を出してきて「56番、あと5分で終了です」と告げられる。

「え!?　まだ頭を洗っているんですが……（3回目だけど）、お風呂に入っていいですか?」と言ってみるが警察官は「ダメダメ！　時間が決まっているのでもう出てください」と厳しい姿勢。血も涙もないな！

モコ
モコ
モコ
モコ
ま… まだ頭を
洗ってるんですが……
(三回目だけど)
身体は先に入念に洗ってる。
お風呂
53番！
あと5分で
終了です！
警察

しかしながら入念に汚れを洗い落としたので気分は凄くスッキリし、着替えた後に檻へ戻る。

12時の昼ご飯は厚焼き玉子とナポリタン。

「え!? 3日連続で炭水化物やん！」とツッコミをいれ、ナポリタンをおかずに白米を大量に食べる事になる。結局、炭水化物3Daysになってしまった。今後のご飯が思いやられるぜ。

13時になり、刑事さんの取り調べが始まった。罪状の変更か追加があったようだ。今日の取り調べはかなり悪意のあるものであった。

最近は私の立場や状況、気持ちなどを汲み取って調書を作成してくれていたから安心していたんだけど、急に全ての事をこじつけて責任を全て私に載せてくるような調書を作成し、サインさせようとしてきたのだ。

油断も隙もありゃしない。ちゃんと事実に沿った調書を作成して欲しいと担当の刑事さんに伝え、この日は長時間調書のやり直しに時間を使った日だった。

夜ご飯はカレー。カレーのルーの上にブロッコリーが一つだけ載っている。二度目のカレーだが、お箸で食べるカレーは中々大変だ。

食べ終わった後はペンを借りる事ができないので、21時の就寝時間をただ単に待つのみとなる。20時からは就寝準備時間として歯磨き、洗面をし、布団保管場所から布団を取り出し、檻の中に置く。


要は18時から20時まで何もすることがない。ボーッとしていると、同室の志願兵おじいちゃんが「オシッコでもするか～」といつものように脳内ダダ洩れの独り言を言い、トイレへ立つ。トイレには座っても顔が見えるような小窓が付いているので、中は丸見え。

普段は人がトイレに入っている間はそちらを見ないようにしていたのだが、ふとトイレの方を見ると、志願兵が立ったままオシッコをしている事に気が付く。6章で書いたように、拘置場のトイレは小便と大便を分けるフタがないので、立ったままオシッコをされると、次にトイレに入る人のお尻が汚れてしまうのだ。

同室の医者君に「おじいちゃん、いつも立ってオシッコしてる？」と聞くと「はい、いつも立ったまましてますね」と気まずそうに言う。トイレ掃除大臣の私は「これは注意しなければならない」と立ち上がり、トイレの前で志願兵を待つ。

志願兵がトイレから出てきた時に「すいません。汚れてしまうので、オシッコする時は座ってしてもらえませんか」と伝えるが、自分に話しかけているのが分かっていないのか無視される。

これではいけないと志願兵の正面に回り、もう一度、ちゃんと聞こえるように大きめの声で伝える。

「あの、すいません。お尻が汚れてしまうと、5日間お尻に汚れがついたままになってしまうし、トイレも汚れて掃除が大変になるので、座ってしてもらえませんか？」と、お願いするようにへりくだって伝える。

志願兵は自分が言われている事に気づいたのか、動きが停止。私から目線を外したまま、目をかっぴらき、ワナワナと身体を震わせ始めた。

返答がないので、聞こえているか、聞こえていないか分からなかったが、一応伝えたので私は定位置へ戻る事とした。しかし、志願兵は注意されたその場でワナワナと震えながら立ち尽くしている。不気味な奴だ。

その後、就寝前の『就寝点呼』という時間になった。全員起立させられ、自分の番号を呼ばれたら大きな声で返事をしなければならない謎の時間を経て就寝となるのだ。

ここで志願兵が奇妙な独り言を言うようになった。

独り言は日常茶飯事なのだが、今日は様子がおかしい。

普段の独り言は「もうすぐ刑務所か〜。長いな〜。早く刑務所に行きたいな〜。仙台に行きたかったなぁ〜。まぁいいか〜」という無限ループが21時から始まり、23時頃に寝るまでの2時間今日思った事などを小さいヒソヒソ話のボリュームで喋り続けて寝るのだが、今日はいつもと違うワードチョイスになっている。

その独り言の内容は「くそぉ〜。殺してやる〜。あいつを殺してやる〜。でもどうやって殺そうかな〜。ちくしょう〜」という物騒な内容なのだ。

寝る場所は、入り口付近に私、隣が医者君、一番奥のトイレ側に志願兵。私からは一人挟んだ距離になるからまだマシではあるが、すぐ隣にいる医者君はさぞ不気味だろうなと思いながら、志願兵の奇妙な囁きを子守歌代わりに就寝する夜となった。

第15章　ランチが美味い日

15日目　2／11火曜日（拘留13日目）

本日は朝9時から刑事さんの取り調べが始まる。油断すると昨日のように必要以上に私の事を悪く書いてこようとするので、気を引き締めて臨んだ。今日はちゃんと事実に基づいた調書を取る事ができたと思う。

この生活にも取り調べにも慣れて、少し気を抜いていたのかもしれない。そこを突いてきて一気に警察側の意向に傾かせようとしている気がする。

12時の昼ご飯はハンバーグとオムレツとちくわとひじきの炒め物！　豪華！　第4室に一緒にいる医者君が「いつも食事を配給している給食センターが火曜日の昼はお休みだから、別の弁当屋さんが担当しているそうなんです。だから火曜日の昼ご飯だけは豪華になるんですよ」と教えてくれた。

実際に外の生活でこれを食べてもたいして美味しくもないのだろうが、この拘留生活ではこういう情報が大変楽しみになる。調べてみたら前回はトンカツだったが、その時は検察庁にいたのでそもそも配給する業者が違い、比較はできない。

拘留期間内では来週が最後の火曜日で、美味しいランチの日ではあるのだが、その日でちょうど20日目で拘置場を出られる予定だ。そのランチを楽しみにするより、ここを一刻も早く出たい気持ち。秋穂に会いたくてしょうがない。

取り調べも終わり、18時の食事の時間になる。夜ご飯は胡椒味の小さい豚肉3枚とキャベツの炒め物。いつも通りの味が薄くて美味しくも何ともない味である。

20時になり就寝準備を始め、21時に就寝点呼を行い、就寝時間となる。

寝ようと思っていたのだが、消灯しても部屋がかなり明るいため、中々寝付けなかった私は22時頃にトイレをもようし、トイレへ立つ。トイレの前には志願兵が寝ているため、どうしても彼をまたいでトイレに行くしかない。

志願兵はすでに眠っていて、起こさないようにゆっくりまたぐ。だが、トイレの前の床の建付けが悪く、足を床に乗せると結構大きなボリュームで『ギシッ！　ギシッ！』と、どうしても音がなってしまうのだ。

さらにトイレを流す時の音が結構大きく、消灯している静かな部屋の中に『ドジャァーン！』と響き渡ってしまう事になる。

トイレから出て戻ろうとすると、志願兵が起きてしまっている事に気が付き、「あっ、すいません。またぎます」と言って志願兵の足元あたりをまたいで布団へ戻る。

しかし、これで眠れる獅子を起こしてしまったのか、今夜も志願兵の不気味な独り言ショーが開幕する事となる。

布団に戻り数分してから、志願兵がいつものようにヒソヒソ話の声で「必ず殺してやる〜。絶対にあいつを殺してやる〜。でも、どうやって殺そうかなぁ〜」と昨晩よりも少し物騒な表現で連呼するようになった。

ここでこの独り言は私に向けて言われている事に気が付いた。もし、医者君に言っているのであれば、医者君は隣なので『こいつ』という表現になるだろうしね。

昨晩のトイレの仕方について注意した事で殺意を芽生えさせてしまったのだろう。目をかっぴらいてワナワナしていたのは、こんな若造に人前で注意された事に対して憤慨していたからだという事に気づく。

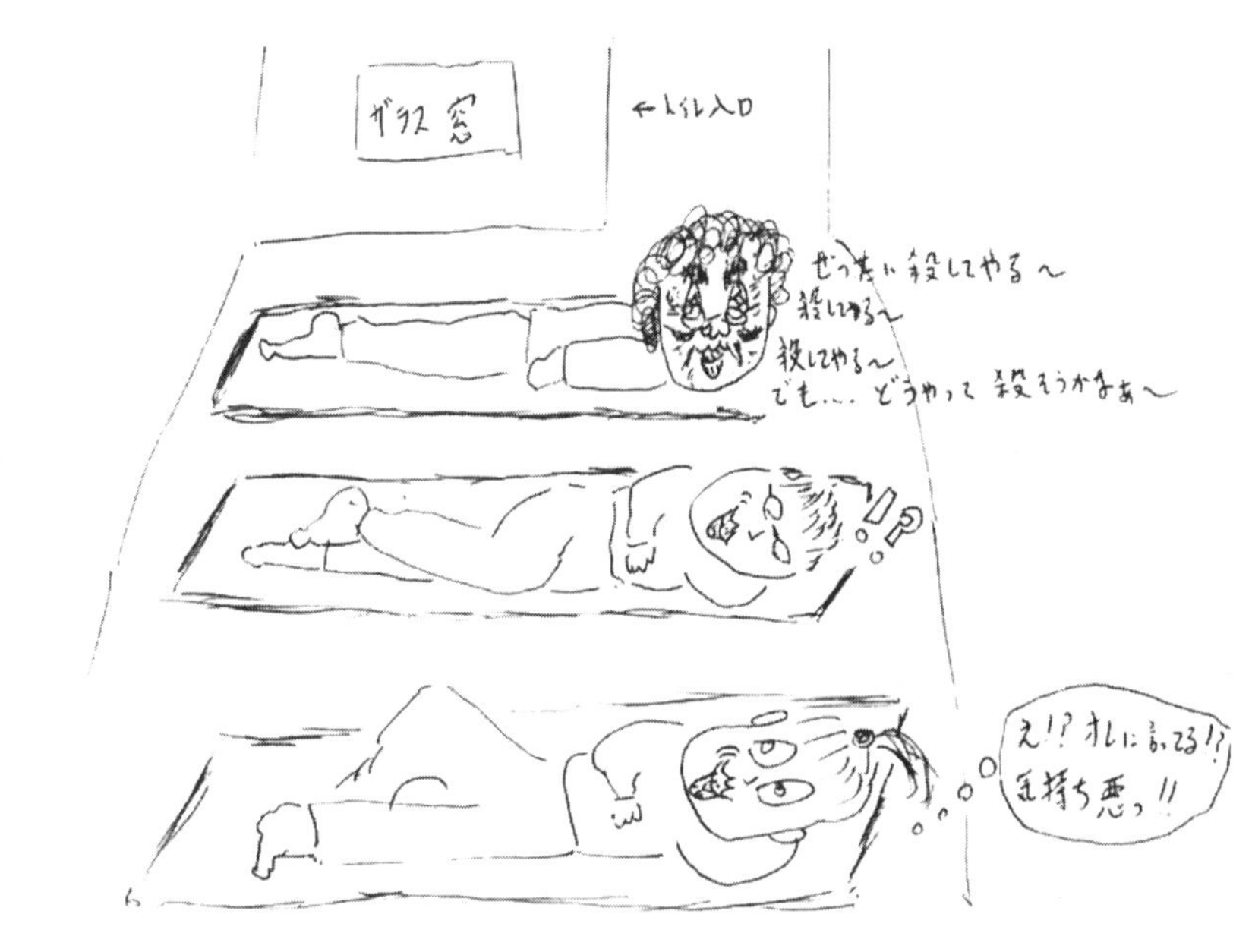

※絵には描いてますが、実際にはヘアゴムは自殺防止のため、メガネは手錠外しのパーツ取り防止のため、寝る前に取られます。

正直な話、細い体でヒョロヒョロしている身長が160センチもない70歳以上のおじいちゃんに寝込みを襲われたとしても殺されはしないとは思うのだが、寝付くまでの間、何時間もずっとヒソヒソ声で「殺してやる～」と囁かれるのはさすがに気色悪い。しかも彼は刑務所に長く入る事に憧れてしまっているので、実際に殺せたらそれを叶える事ができるだろう。

だが、「殺してやる～」と連呼した後に必ず「でもどうやって殺そうかなぁ～」とあからさまに迷走しているのが面白く、隣にいる医者君と目を合わせて笑いをこらえていた。怖くはなかったが気色悪いし、ちょっと面白いので、明日の運動の時間に笑い話として警察官に告げ口しようと思う。

第16章　安眠を取り戻した日

16日目　2／12水曜日（拘留14日目）

朝起きていつも通りの布団片付け、掃除、洗顔が終わり、9時頃になり運動の時間。運動の時間は10時からと書かれているが、私のように取り調べが立て込んでいる被疑者は早めに運動に呼ばれるようだ。

運動場に入ると、パイナップル頭の『パイナップル君』と、前歯が一つしかなく長髪をちょんまげにしている『ちょんまげ君』と他2名ほどの被疑者がいて雑談をしている。警察官は監視のためにそれ以上にいるので、6畳くらいしかない運動場のスペースに人が12人くらい入っている。

ちょんまげ君が会話を回していて、みんなに色々な質問をしている。
「あなたは何をして捕まったの?」「前科は?」「友達になろうよ」「クスリはするの?俺は大好きだよ!　マリファナもコカインもガキの頃から大好きさ!」などとわざわざ警察官の前で言わなくてもいい内容まで色々話していて口達者だ。

他の被疑者に「あなたは何で捕まったの?」と聞かれて、ちょんまげ君は陽気に「俺は傷害さ！　金の延べ棒を知り合いに換金するよう頼んだら逃げられてさ。見つけてボコボコにしたら捕まっちゃった、テヘ」と話して最後に高笑いをしていた。パイナップル君は「自分は振り込め詐欺の受け子をヤクザに脅されてやったら捕まってしまった」と言っていた。

私は昨日の志願兵のおじいちゃんの話をしようと決めていたので警察官に話しかける。志願兵の長時間にわたる「殺してやる～」という独り言を面白おかしく警察官に話し、警察官からもそれを聞いていた他の被疑者達からも爆笑を取った。「今は不気味なだけで怖くはないですけど、もう一段階エスカレートしたらまた言いますね！」とだけ付け加えてやんわりと警察官に伝えてみた。

私の話が終わり、ちょんまげ君が私に質問を投げかけてくる。「お兄さんは流動商品取引法違反だっけ？　どんな内容？」と聞いてきた。一度チラッと警察官を見るが、やはり黙認していたので別に隠す必要もないかと思い、私の事を軽く話す。

するとちょんまげ君は「え⁉　じゃあ金持ちじゃん！　住んでる場所は？　家賃は？　いくらくらい資産あるの？　年収は？」などと質問攻めにあう。ほんの軽くだけ答えてしまうと、ちょんまげ君は興奮した様子で「えー⁉　友達になってくださいよ！　連絡先教えてください！」としつこく言ってきたので、これは連絡先交換の流れになってしまうと思い、トイレに行くふりをして早々に運動場から帰る事とした。

10時になり、刑事さんの取り調べが始まる。しっかり納得できる内容で調書を取り、12時の昼ご飯時間に檻へ戻る。ここでちょっと檻の中が変わっている事に気付く。志願兵の番号札が第4室から外されて、全然違う番号札になっている。

「どういう事だ？」と思い檻の中へ入ると、志願兵がいなくなり、たまに運動場で見かける外国人風の男が入っている事に気が付く。

中に入り、医者君にどういう事か聞いてみると「志願兵は場所移動になりました」と笑いを堪えながら教えてくれた。どうやら朝の運動時間の時に警察官に話した事で、即座に部屋移動をしたそうだ。対応が早い。

あまり気にも留めてなかったが、よくよく思い出してみると、拘置場内には同じ空間に部屋が七つあるのだが、一人だけしか入っていない部屋と、三人まとめて入っている部屋がある。勝手に「一人部屋の人は凶悪犯なのかな」と心の中で思っていたのだが、どうやらお喋りな人や少しでも問題を起こした人は一人部屋にするようだ。

ちなみにパイナップル君は一人部屋である。そしてその部屋について少し気になっていた事がある。

基本的に全部の檻には中が完全には見えないように『すりガラスのような板』が張られていて、警察官はその上から覗き込まないと檻の中は見えないようになっている。だが、パイナップル君の部屋だけはその『すりガラスのような板』が張られていなくて、直接彼が丸見え状態になっている。一人部屋な上に丸見えという仕打ちをされているので、よほど凶悪犯なのかなと思っていたが、彼が沢山問題を起こしたのだろうと推測した。

新しく第4室に入ってきた外国人風の男性は、話を聞くとベトナム人との事。流暢な日本語を話し、感じのいい人だったので安心した。

12時の昼ご飯は中華的な味付けの豚とキャベツの炒め物。昨晩と味付けが違うだけで見た目は全く同じ。芸のない給食センターだ。

昼ご飯後、13時から17時近くまで取り調べがあり、18時の夜ご飯の時間となる。メニューは唐揚げ二つ。二つ入っているだけで嬉しくなるが、普段定食屋さんで食べている唐揚げ定食は最低でも5個くらい入っているので、普段の生活がどれだけ幸せか感じるのであった。

筋トレは続いていて、腕立て伏せ160回、腹筋100回くらいできるようになっている。もうあまりきつくなくなってきたので明日から増やそうと思う。

筋トレも終わり、21時の就寝時間となる。ベトナム人の男性は大人しくて感じもいいし、医者君とは打ち解けているので、久々に安眠を取り戻した。

硬い枕と薄っぺらい敷布に横になり、物音やイビキ一つない、とても静かな部屋でゆっくり秋穂の事を考える時間を取る。今何しているか、今後どういう風に生活をしていこうか、秋穂との未来の事ばかりを考え、凄く気持ちよく眠りについた。

と、思ったら、隣の檻からなんとヒソヒソ声が聞こえてきた！

「もう少しで刑務所か～。まぁ、いいか～。仙台に～」と物凄く小さい音量だが聞こえてくる！　内容ですぐに彼だと分かるところが面白い。「仙台に～」の続きは聞こえなかったが「旅行しておけばよかったな～」である。外の世界に何の未練もないはずなのに、仙台には彼が求める何があるのかと思わず気になってしまう。

別の部屋の人が何か物を落としたのか『ゴンッ』という物音が聞こえた途端に志願兵が「うるさいな！」と独り言で怒っている。志願兵は自分自身の声は聞こえていないのか、他人の音には敏感になっているようで独り言で注意をしている。

これには医者君と目を合わせて、声には出さないが二人で爆笑してプルプルと震えてしまう。なんと壁一枚挟んですぐ隣の部屋に志願兵はいたのだ！　この部屋がとても静かになったため、隣の部屋くらいじゃ声が聞こえてしまうが、同じ檻にさえいなければ、ただ単に面白いだけの志願兵であった。

ひと笑いした後、静かな空間が戻ってきて、秋穂の事ばかり考えながら安眠する財前であった。

第17章　今後は仕事の事を熟考しよう

17日目　2／13木曜日（拘留15日目）

本日は朝から検事調べとの事で検察庁へ。いつものように無言で手錠をかけられ、背もたれが90度近い硬くてつるつるした椅子で、一日中待つのみという苦行の一日。しかし瞑想の術を習得している私は7時間もの待ち時間をすんなりクリアする。

肝心の検事さんの調べは、他人に任せていた会社が起こしてしまった今回の事件の責任を私に全てなすりつけるような話で全然納得できない部分が多々あり、とても嫌な気分になった。しかし私がオーナーである会社内で起きた事に変わりはないので、一部直してもらったが、大筋合意してサインしてきた。意地でも私を巻き込んで責任を取らせたいという意図が見える。

私の立ち位置としては、事業の内容をたいして把握しておらず、指示系統も木村に任せていたし、資金の流れも中下に一任していた。どうせならもっと早い段階で代表を譲り、あくまで株主として株主配当だけをもらうような形で会社から一線を置いておけばよかったと悔やまれる。ではなぜそうできなかったか。

会社を任せていた木村は特殊でワンマンな性格であるため、結構な人数の部下に嫌われていた。私が会社に籍を置いていないと、辞める人や木村の指示に従わなくなる人が多発するだろうとの意見で、会長というポジションを降りる事ができなかったのである。

実際、収入や事業に対する知識など、私が会長でも株主でもそこまで変わらなかっただろう。だが、株主ならセーフで、会長として君臨し続けてしまった事でアウトという形になっているのだ。

今後、事業に携わっていく時は本当によく考えていこうと心に決めた一日となった。

昼ご飯は検察庁にてミニハンバーグと唐揚げ。チキンナゲット二つ。

夜ご飯は拘置場でミニハンバーグとレンコンであったが、一日中仕事の事を熟考していたため、あまり味は覚えていない。

仕事の事で後悔の念もあり、鬱憤を晴らすかのように、この日から筋トレを一気に増やしてみる。腕立て伏せ200回と腹筋100回をして、今後の事をずっと考えながら眠りにつくのであった。

しかし、夢はキン肉マンのように
マッチョになった夢であった。。。

ZZZ…

第18章　最後のお風呂の日

18日目　2／14金曜日（拘留16日目）

今日はお風呂の日！　5日に一度だと思い込んでいたのだが、それは間違いで、月曜と金曜の週と、水曜だけの週があるらしく『月、金、水』の繰り返しでお風呂の日があるという事が判明。と、いうわけで今回だけは4日でお風呂が入れることになった！　最高！

今日で拘留されてから16日目なので、あと5日で出られるはず！　もうすぐ秋穂に会える！　出たらまず秋穂に電話して、ブラックコーヒーを飲んで、プルーム・テックを吸いたい気持ち！　そしてすぐに家に帰る！

留置場では水かお湯かお茶しか飲めないので、毎日習慣で飲んでいたコーヒーが飲みたいという欲が強い。

午前中はいつものように取り調べが入り、12時に檻へ戻る。

昼ご飯は中華丼。上に乗っている具が結構美味しかった！　中華料理って世界中どこで食べても、弁当で食べても、飛び込みで入った古びた中華料理屋で食べても、ある程度美味しいと思っていたので「中華料理ってやっぱりどこで食べても美味しいんだな」と改めて感心した。

13時からまた刑事さんに呼ばれて取り調べ。

16時頃に終了し、18時の夜ご飯は麻婆豆腐。本日は中華ＤＡＹでした。

筋トレは腕立て伏せ２４０回、腹筋１００回をこなして就寝時間となる。


今日でここに来て18日。

2週間を過ぎたあたりから思い始めていたのだが、携帯がなく、娯楽もなく、ほんの少しの贅沢もなく、身体的自由のない生活に慣れてきた気がする。毎日想う『秋穂に会いたい』という気持ち以外は全ての欲が落ち着いていくのを感じ、苦痛ではなくなってきたのだ。


拘置場に入ったばかりの時に常に感じていた身体中の痛みにも慣れたのか、擦れ過ぎて皮膚が厚くなったのか、そこまで苦痛ではない。実際に足などを確認すると、地面に接地する部分が黒ずんでおり、皮膚が厚くなっているように感じる。

同室の医者君も同じような事を言っていた。人間はどんな環境にも2週間程度で順応し、何も感じなくなる事を、身をもって経験している気がする。

もし、私に秋穂がいなくて、子供も成人していて、仕事もお金も家も、親ですらいなかったとするならば「このまま出られなくてもいいや」という気持ちになれるかもしれない、とまで思えるようになったのだ。

慣れてしまえば、家賃はおろか水も電気もガスも無料。三食昼寝付きで洗濯もやってくれるし、お風呂も入れる。24時間体制で警察が身を守ってくれて、新聞や小説も貸出無料。生きていくだけなら何不自由ない生活なのだ。

これには不思議な感覚を覚え、〝志願兵〟と呼ばれる、「自ら刑務所へ行きたくて罪を犯す人」がいるのも納得できると思えた。

私には外の世界に沢山待ってくれている人や仕事などの環境があるので、当然外の世界に出たい気持ちしかないが、慣れてくると怖いくらいに苦痛がなくなってくるという事だ。自分に芽生えた感覚に、なんだか恐ろしいものを感じた夜だった。

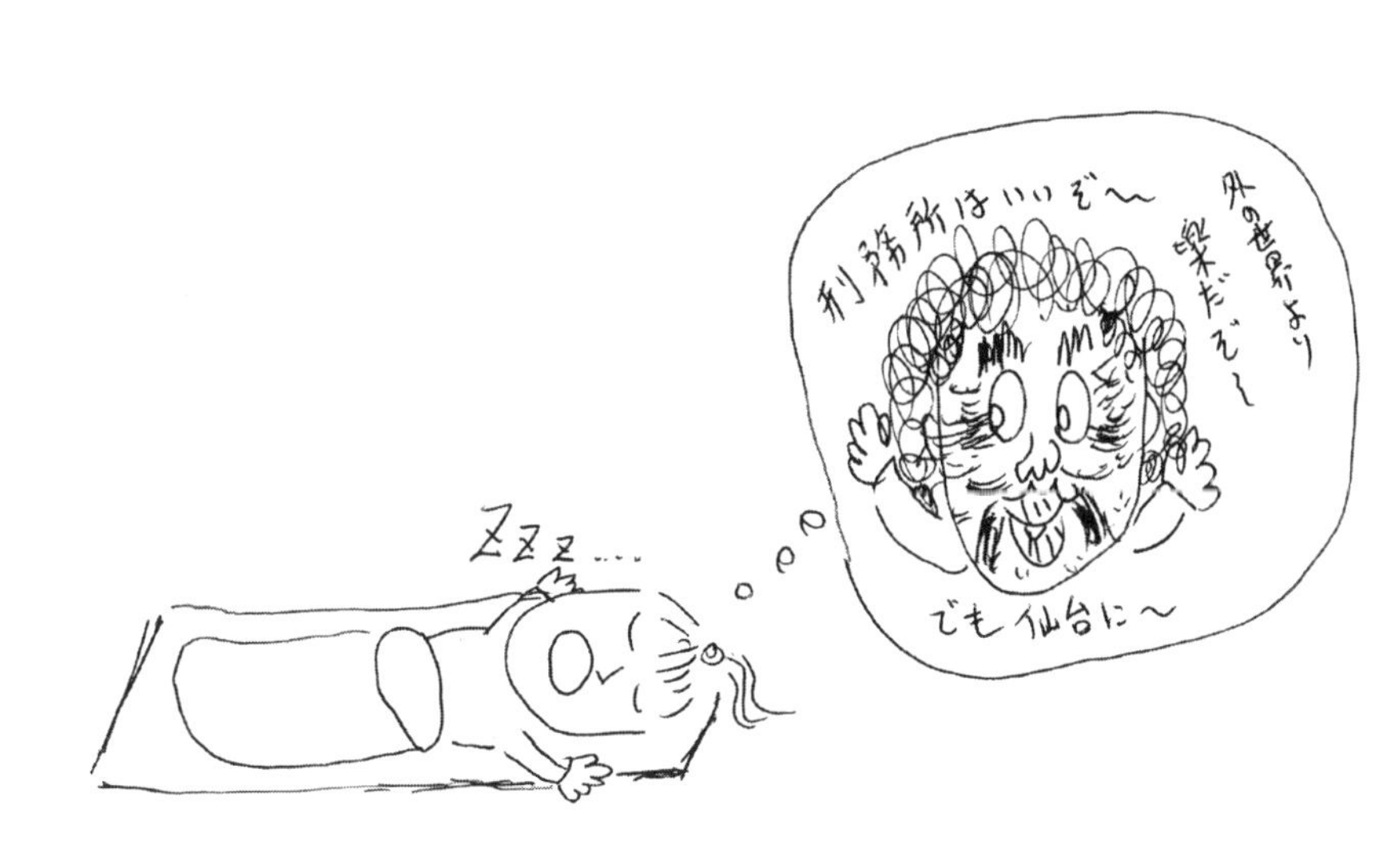
Zzz…
刑務所はいいぞ〜
外の世界より
楽だぞ〜
でも仙台に〜

第19章　二回目の何もない日

19日目　2／15土曜日（拘留17日目）

二回目の何も予定がない日。10時にある運動の時間が土日はないので、取り調べがない場合は本当に何もやる事がない。小説や買った雑誌を読んだりはできるが、ただ単に部屋でボーッとする一日となる。

刑事さんの取り調べは昨日で終わり、検事さんとの最終対決は明日と言われた。今日を含めてあと4日で拘留期間は終了するため、本当にいよいよ大詰めである。

あと4日で秋穂と会えるのか。とにかく長かった。一日たりとも会いたいと思わない日はなかった。

日記を書いたりしているうちに12時になり、昼ご飯の時間。メニューはおでん。中々美味しかったが、セブンイレブンで買うおでんの方が美味い。

暇な時間に医者君と話をすると、昨日の10時の運動時に運動場で喧嘩があったらしい。内容は「お前、イビキがうるさいんだよ！」と一人が怒り、もう一人が「お前こそいちいち口うるさいんだよ！」と言い争っていたらしい。

その人達の特徴は、話を聞く限り、これまで見たことないような風貌の人達だった。

「どういう事だろう」と思って医者君に聞いてみると、別の場所にもう二部屋だけ独房があるとの事。

牢屋の中から外を覗いて見る。私達が入っている第4室の他に、横並びになって見える部屋は『第1室から第7室』まであるのだが、私達の部屋の正面に位置する、警察官が待機する場所のすぐ隣に謎の扉が確認できる。その扉の奥に『第8室と第9室』があるそうだ。

誰の目にも触れないように隔離されている第8室と第9室には、気性の荒い人達が収監されているのだろうか。

15時にコンビニで私がオーダーしたおやつが来る。

普段からお菓子を食べる習慣がない私は全く食べたい気持ちにならなかったので、本来シェアしてはいけないのだが、同室の二人に「みんなで食べよう」と提案し、ポテトチップスとチョコ菓子二つの計三つを開け、みんなで食べる事とする。

その時、新しく入ってきたベトナム人の子ともコソコソ話で色々話してみたら、彼はどうやら不法滞在（オーバーステイ）で逮捕されたそうだ。

流暢な日本語は独学で覚えたらしく、日本に来て3年目との事。滞在期間が過ぎたため、会社に相談したところ、会社側が偽造ビザを作成してくれたそうだ。

その偽造ビザを携帯したまま友達の車でドライブしていたら、スピード違反で捕まり、同乗していた彼も身分証の提示を求められ、偽造ビザを見せたら偽造だと見抜かれて逮捕となったそうだ。

その際に住所を聞かれ、家にいる同棲中の彼女もまた不法滞在していたため、二人とも逮捕されてしまい、今はバラバラの留置場に入れられているとの事。「彼女に悪い事をしてしまった」と凄く罪悪感にさいなまれていた。落ち込んだ顔をしながらも、ポテトチップスは美味しそうにバリバリと食べていたが。

不法滞在の期間はたったの45日間だったそうで、捕まってしまったため、ベトナムにいた時から大好きだった日本には向こう10年、来る事はできなくなるそうだ。ベトナムに強制送還されたらハノイに行って日本語の先生をやりたいと言っていた。

彼はいい奴なので応援したいと思い「絶対なれるよ！独学で難しい日本語をこんなに話せるようになったのなら、先生になれると思うから頑張って！」と励まし、私も彼と一緒になってポテトチップスをバリバリと食べた。

ポテトチップスやチョコ菓子を食べながら、私がこのノートを書いている事を二人に教えてあげた。絵を見せたり、文章を読ませたりしていると、若い警察官が牢屋を覗き込んできてノートの絵を見られてしまう事となる。

警察官から「ダメだよ！　留置場内の事を書いたら。ノートはチェックするからね」と言われてしまった。

留置場内の事を書いたこのノートは、ここを出てから秋穂に見せたいと思っていたため、「ノートを取られるかもしれない」と心配になった。医者君に相談すると「留置場内の事を書いた書記と、外国語で書かれた書記は、全て没収されるとの事です」と教えてもらい愕然とする。

「これはまずい。どうにか外にこのノートを出したいんだけど」と相談すると、医者君が「ノートの表紙と裏表紙に『弁護士ノート』と書いておけば、弁護士さんへ宛てる内容だと思われて、警察官は見ないかもしれませんよ」と教えてくれた。
早速、ノートの表紙と裏表紙に『弁護士ノート』と書いてみる。しかし書いたところで、実際に見られたら留置場内の事が沢山書かれているし、出所時に没収されるかもしれないと不安になった。
「外にこのノートを出す策を何か考えなければ……」

第20章　最終、検事対決日

20日目　2／16日曜日（拘留18日目）

検事さんがまとめの調書を取る日。検察庁へ行き、またもや長い待ち時間がある一日となる。

検事さんの調べは、ある程度はこちらの言い分を汲んで調書を取ってくれたが、私と今回の違反を無理矢理こじつけられてしまった結果となった。

本当は完璧に納得できる、事実に沿った調書を取って欲しかったんだけど、これ以上反論すると否認になってしまうため、やはりある程度は検察側の話に乗らないといけない事が悔しい。

調書の取り方は、私が発言した内容を書いてくれるのではなく、検事さんがあらかじめ作った文章を読み上げて「はい、これにサインして」と言ってくるというもの。

「これは事実と違いますよ。事実はこうですよ……」と私が何度話しても、口頭で却下され、検事さんがあらかじめ用意した文章で納得するように言われ続け、サインを迫られる。

サインしなかったり調書の作り直しになると拘留期間が延びるだろうし、否認になってしまうと裁判が終わるまで出られなくなるから、出たいのなら認めるしかないという状況だ。

一番嫌だったのが、悪い方向へ誘導するやり口だ。例えば刑事さんの調べでは、私の言い分を全部調書に細かく載せた上で「認めます」と書いてくれるから納得できるのだが、検事さんの調書では、私の言い分は全て排除され、あたかも「全部私の責任です」といわんばかりの状態で、「認めます」とだけ書かれてしまうのだ。

そこを突っ込むと検事さんは「だって調書見たけど、認めるって書いたでしょ？　じゃあ、これだけでいいじゃん」と、何度言ってもしつこく言いくるめてくる。要は、刑事さんの取り調べの時に「認めます」という言葉さえ取れれば、検事さんは勝ったも同然なのだ。

他にも部下とのメッセージの中で、部下から「こういう事をしたい」と提案があった時に私が「そんな案があるのか。分かったよ！　任せるから頑張ってみて！」と返信するといったやり取りがあった。刑事さんの取り調べで刑事さんは「分かったよ！　と言ったと

いう事は承認したって事だから、承認という名の『指示』という事になるよね？　だから
これは『私が指示しました』と書いていい？」と言ってくる。
私が「いいえ、指示ではありません。部下に会社の経営を任せているので、このやり取
りは報告を受けただけですよ」と説明しても、刑事さんはどうしても『指示した』という
証言が取りたいので何時間も引かない。
最終的には「メッセージで報告を受け、それを承認したが、私は業務の内容は知らない
ので部下に一任していました。承認したという意味は『君に任せる』という意味で指示を
した」という文章に着地する。

しかし、検事さんの調書になると「私が指示しました」だけの文章になってしまうのだ。
同じように書いてくれと何度頼んでも「だって刑事さんの調書で『指示をした』と書いて
いるじゃない。だからこうなります」と一点張り。これを否定すると今度は「変遷してい
る」と言われ、あたかも言っていることが変わっていると言われてしまう。この誘導方法
には参った。一刻も早く留置場から出たいと懇願している人は誰だって、とても悪く調書
を作られてしまうだろう。

納得はできなかったが、検事さんの取り調べは録音と録画をしているそうで、裁判の時に後から見る事ができるらしいので、何度も内容が違うとアピールした所をカメラに収めた上でサインし、取り調べが一応終了する。

次回からの教訓として今回は甘んじて受け入れ、ある程度は泥を被ろうと自ら苦汁を飲んだ一日となった。

検察庁で食べた昼ご飯は加工豚肉の揚げ物と揚げ餃子。

17時には警察署内の留置場へ戻り、腕立て伏せ200回、腹筋100回をこなして、18時の夜ご飯の時間になる。メニューはエビフライ。小さく細いエビに衣がたっぷり。家に帰ったら真っ先に近所の揚げ物専門店へ行って、肉たっぷりのトンカツと大きなエビフライを食べようと心に決める。

第21章　持ち掛けられた通謀計画

21日目　2／17月曜日（拘留19日目）

ここでニュース！

なんと拘置場に入ってから20日間、ウンともスンとも言わなかった私の可愛いチンコちゃんが朝立ち！　初めて１００％の状態になったのだ！「おー！　おぬし生きておったか！」と嬉しくなる。

秋穂と大人の秘め事をしている夢を見ている途中で、警察官の朝の「おはようございます！」という野太い声で目が覚めて現実へ戻される事となる。それにしても20日間一度も立たないなんて、性機能に支障が出ていないか非常に心配である。

本日は19日目なので、20日ピッタリで出られるとするのであれば、拘留期間実質ラストの日。明日は何時になるか分からないけど、シャバに戻れるはず！

朝の布団片付け、掃除や洗面が終わり、10時の運動の時間を待っている時、医者君に外へノートを出す方法がないかを相談する。

医者君は「自分はノートを外に出しましたよ。被害者へ宛てる手紙の内容を弁護士さんに相談していたので、手紙の内容を下書きしていたノートを弁護士さんに確認してもらう時に何度も外に出していました。だから『弁護士さんだけに中身を見せたいので、中身を確認せずに弁護士さんへ宅下げしてください』と警察官にお願いしたら出せるかもしれませんね」と教えてくれた。

これはいい事を聞いたと思い、弁護士さんを呼ぶタイミングを見計らおうと考える。なぜタイミングを見計らうかというと、注意してきた警察官は若い人で、普段ノートやロッカーをチェックする警察官も若い人達だったように思えたので、若い警察官があまりいなくて年配の警察官で管理している時を狙って弁護士さんを呼べば、中身のチェックはされないのではないかと考えたからだ。

10時の運動の時間になり、運動場へ行く事とする。今日も『ちょんまげ君』が先に運動場にいて警察官や被疑者達と明るく饒舌に話をしている。運動場に入る前に軽く皆さんに挨拶を済ませると、ちょんまげ君が私にすり寄ってきた。すると、何も言わずにポケットに指を入れてきた。どうやら何かをポケットに入れたようだ。

ポケットに入れた後、ちょんまげ君は「レスください」とだけ言ってきた。『レス』とは『返信』という意味だ。彼は前回の運動時に私と連絡先を交換したがっていたので、すぐに入れた物は連絡先を書いた紙だと分かった。

もちろん傷害で逮捕された彼と、外の世界で繋がり続ける気はない。連絡はしないつもりだが、その場で断ると嫌な空気になってしまいそうなので『ＯＫ』と手でサインだけ出し、何もなかったかのように爪を切ったり、ヒゲを剃ったりするなどして運動の時間を過ごした。

部屋に戻り、ポケットの中に入っていた小さく丸めた紙を確認すると、名前と部屋番号まで入った住所と電話番号が書かれている。これに返信するという事は、自分も全部書かないといけない。もちろんそんな事はしないが、部屋の中にはゴミ箱もないので処分に困り、とりあえずノートなどを入れる書類ケースに同じように小さく丸めて入れておくことにした。

しかしながら、次回運動場で会う度に「レスください」と催促されても返答に困る。どうしようか悩んだ末、警察官の一人に「すいません。一緒に運動場で会ったちょんまげ君と私が鉢合わせしないようにしてくれませんか？　連絡先を聞かれて返答に困っています」と伝えてみたら、警察官が「分かりました！　なるべく全ての時間で鉢合わせしないように調整します」と言ってくれたので一安心する。

昼ご飯の時間になり、コロッケが出てくる。コロッケ1個で大量の白米を食べるのは大変だ。

夜ご飯は忘れてしまった。

なんだかこの日くらいから『もうすぐ出られる』と思って浮き足立っているのか「出たら何しようか」「秋穂と会える」などと外の事ばかりを考えている。ご飯を食べる時も色んな考え事をしながら食べているので、美味しくも何ともない食事の思い出が無に近く、思い出すのも大変である。

この生活が基本的に暇だからだろうけど、筋トレは毎日続けていて身体の調子がいい。

ここを出てからも続けていきたいと思える。本日は腕立て伏せ250回、腹筋100回。一日30分くらいであるが筋トレの時間はストイックに楽しくできている。

いい物を食べていないからだろうが、身体も少しスッキリしてきた印象で、72キロくらいで拘置場に入ったけど68キロくらいになってるんじゃないかと勝手に思っている。

20時頃になり、警察官に呼ばれて檻越しに「起訴されたという通知書が届いたので確認してください」と書面を見せられる。内容を確認すると『流動商品取引法違反』とだけ罪状が書かれていたので「分かりました」とだけ伝えた。これで私が罪に問われるのはほぼ確実となってしまう。仕方ないと割り切り、罰金を払う事を覚悟する。

医者君やベトナム人の子と話したり、出てからの事を色々考えたりしているうちに、あっという間に夜になり就寝時間。

仲のいい三人で安心感もあり、イビキも変な独り言もない平和な部屋で安眠した。

第22章　脱獄大成功

22日目　2／18火曜日（拘留20日目）

本日は拘留期間満了日。いつも通りの朝のルーティンワークを済ませると、暇な時間になり、医者君と雑談する。たまに歯ブラシの時に一緒になる若い中国人の男の話になり、彼が一度この留置場を脱走した話を聞いた。

こんなに厳重な警備の留置場から脱出を謀ったのかと思い、興味津々に内容を聞くと医者君がこう教えてくれた。

「一緒の部屋になった事があるのでその時に聞いたのですが、検察庁に行く時、護送車に乗り込むために外に出た際、警察官を振り切って逃亡したらしいですよ。警察署の外側を走り回って沢山の警察官に追われ、留置場の外が警察官の大声でかなり騒がしくなっていたので何事かと思ってたら、彼が逃亡しようと外で走り回っていたとの事でした」

私も暇な時、逃げるなら護送車で護送の時だなと感じていたので、やはりそのタイミングで逃亡を謀れるのだなと思った。しかしながら護送のタイミングは、被疑者一人を護送する場合でも10名以上の警察官がいるため、とても逃げようとは思えない上に罪が重くなるだろうから、私なら逃げないけれども。

そんな話をしている時に、おもむろに医者君が警察官に呼ばれる。警察官が「54番！部屋の中に忘れ物をしないように確認してから外へ出て下さい」と言ったので、医者君が保釈されるのだろうとすぐに分かった。

医者君は女性関係のトラブルで逮捕されたのだが、被害者へ通常の4倍近い示談金を積んで、起訴される前に被害者に示談書や嘆願書などにサインしてもらい不起訴となったのだ！　素晴らしい。

起訴されてしまうと医師免許が剝奪されてしまうそうで、医師免許さえ守れれば医者は一生仕事に困らないから、彼の将来は何とかなる。いい奴だったので「良かった」と安堵した。彼いわく、もうまともな医者には戻れないとの事で、まずは美容クリニックの面接を受けてみて、ダメなら最悪は包茎手術を行う医者になるとの事。頑張ってほしい。

10時頃になり、刑事さんの取り調べが入る。

取り調べの内容は今までと全然違っていて、隠匿罪というのが追加で付くという話だった。要は『流動商品取引法違反』という罪に問われているという事は、これは『実際は出資した私の会社が行っていたという前提で考えると、子会社を使い、違法な商売方法で稼いだお金という事になる。それを子会社にさせたという事で、稼いだお金を隠したという事になり、隠匿罪というのが付く』という内容だ。

正直、全て申告し納税しているので、隠しているつもりは全くない。例えば稼いだお金を申告せずにポケットに入れていたり、実際に現金を隠したりしているのであれば理解できるのだが、到底納得できない内容であった。

12時になり、昼ご飯のカツカレーが出てくる。豪華だなと思ったら、今日は美味しい昼ご飯が出てくると噂の火曜日だ。容器も違っていて確かに美味しかった。

今日出勤の警察官を見てみると、年配の警察官ばかりである事に気が付く。ノートを確認しているのは若い警察官だけだと踏んでいた私は、ここぞとばかりに弁護士の吉野先生を呼んでもらうように年配の警察官に伝える。呼んだら大体夜には来てくれるのでチャンスだ。

13時に刑事さんに呼ばれ、また取り調べが始まる。隠匿罪の内容を聞き、私が納得できる範囲で調書を取るが、明日は検事調べが入るという事なので、また私の言い分を排除して調書を取ってくるのだろうと思い不安になった。

15時頃に取り調べが終わり、留置場に戻る。

連絡先交換をしたがっていた『ちょんまげ君』といつ出くわすか気になっていたが、どの檻にもいないように思える。警察官と話す機会があり「ちょんまげ君と運動時や移動時などで会わないようにしてもらえますか？」と再度お願いしたら、警察官が「彼は隣の隔離された部屋に移動になったので大丈夫ですよ」と教えてくれた！

前に書いた、私たちがいる第1室から第7室までの空間ではなく、部屋から正面に見える、警察官が待機する場所の隣の扉の奥にある『第8室と第9室』に移動になったようだ！　今後、顔を合わせる心配がなくなったので安心した。

18時の夜ご飯の時間の前に筋トレをする。腕立て伏せ300回、腹筋100回。だいぶできるようになり、鏡もないため身体を確認する事はできないが、胸筋や腕がパンプアップされている気がする。

夜ご飯のメニューは豚もやし。相変わらず薄味で、何も思わずただ単に腹に収める。

19時頃、弁護士の吉野先生が到着。警察官から「53番、面会です」と呼ばれ、吉野先生と会う。今日の隠匿罪の話をすると、この件に関しては裁判で大いに戦う方向性でいくと言ってくれたので心強かった。実際に隠してないしね。

面会時に連れて行ってくれた警察官も、朝の年配の警察官だった事を確認したので、ノートを出せるチャンスだ。年配の警察官に「このノート、弁護士さんへ宛てた物なので弁護士さんへ宅下げしてもらえますか?」とドキドキしながら伝えると、「はい、分かりました。渡しますね」と優しく言われたので、心の中で「ヨッシャー!!」と叫んだ。

ヨッシャ
弁護士さんへノートを渡して下さい
ハイ、
わかりました
ノート

吉野先生が帰り、ノートがきちんと吉野先生へ渡ったという書面を警察官が持ってきたので、それにサインをした。これで拘置場の事を記したノートが外へ無事脱出できた事となる。

実際に私の身に起こった事で、私が感じた事なので、思い出して書く事はできるだろうが、このノートを出せなければここまで明確に書く事はできなかっただろう。

中国人は脱獄に失敗したが、私の留置場内の事を書き記したノートは脱獄大成功であった。

第23章　最終検事対決日、再び

23日目　2／19水曜日（拘留21日目）

本日は再度検事調べの日となる。前回で終わりだと思っていたし、そう言われていたにもかかわらずだ。もうすでに拘留されてから21日も経つというのに、いつ出所できるか聞いても誰も教えてくれず、本当に出られるのか不安になる。

朝のルーティンワークが終わり、検察庁へ行く用事があるため、すぐにお風呂に案内される。お風呂に入れること自体は大変嬉しいのだが、18日目で最後のお風呂と思い込んでいたので複雑な気分だ。身体を洗い流し、早々に警察官に呼ばれて準備をする。

検察庁へ行くために護送車に乗る。なんと今日は私一人しか護送車に乗らないという事で、担当の警察官と二人きりで広い護送車の後部座席に座る事になった。

この担当の警察官は62歳で明るく気さくでお喋りな人だったので、護送中の暇な時間である一時間半の間ずっと身の上話など色々な話をしてくれた。

彼の話を要約するとこうだ。

「今まで刑事をやっていたのだが、一年前から交番勤務のお巡りさんになった。若い時に経験した事はあるものの、昔と今ではやる事もルールも変わっていてサッパリわからん。若いやつらに教えてもらうのもシャクだし、教えてもらってもルールが変わりすぎて全然覚えられない。もう警察は辞めたい」

「刑事の時は私服でいつでもタバコを吸えたのに、制服着用の交番勤務になった。警察は数年前から制服を着ている時にはタバコが吸えなくなったので辛い。交番内の換気扇がある場所ですらタバコが吸えなくなってしまった。前に誰かが交番内の換気扇がある場所でタバコを吸ったら、警察OBの交番相談員が臭いに気づいて大問題になり、持ち物検査などをされてしまった。辞めたい」

「タバコも満足に吸えなくなってしまった今のルールでは耐えられないし、退職金の割合が増えるので62歳で早期退職をしたいと申し出たが、今の警察の体制やルールでは若い警察官が付いてこられずに沢山退職してしまう。慢性的に人手不足で交番勤務の警察官が足りないので私が辞められない。上司にまで辞めないよう説得されてしまい、今年は辞められなくなってしまった。早くタバコが満足に吸える第二の人生を歩みたい」

と、今の警察の体制について大変不満があるらしく、早期退職を切望していた。おおむねタバコが満足に吸えなくなってしまった状況が不満のようだが。

そういえば運動の時間に、喫煙者の警察官が話していたのを思い出す。
「15年くらい前はタバコが支給されて吸えたんだよ。取り調べの時は自由に何本でも、運動の時は2本まで。運動の時はタバコが吸えるから、みんなフィルターのギリギリまで吸っていたものだよ」と。他の喫煙者の警察官も「今では運動時はもちろん、警察官ですら、警察署内の屋上にある、外部から絶対見えない場所でしかタバコは吸えなくなってしまっているんだよ」と嘆いていたのも思い出した。

喫煙自体が厳しい目線で見られるようになった現代。厳しいルールの警察ではさらに喫煙者に厳しくされているようだ。タバコを吸ったくらいで持ち物検査をされるなんて中学生と同じだと同情した。

護送を担当してくれている62歳くらいの警察官から「君は何で逮捕されたの?」と聞か

れたので、私が逮捕された経緯を話す事にする。

すると警察官が「オーナーさんか。警察はオーナーさんが一番悪いと決めがちなんだよ。商売人はギリギリをついて商売するから捕まりやすい。そして一番お金をもらっているオーナーが一番悪くなってしまいがちなのさ。だって、政治家でも警察でも、部下がやった悪事は大体上司が責任を取らないといけなくなるでしょ？　任命責任や保護者責任みたいな感覚だよ」と話してくれた。

なるほど。そう言われればそうかもしれない。「人を使ってお金をもらう時にはちゃんと監査を入れて管理しなければいけないんだな」と心の中で反省をした。

10時頃、検察庁へ到着し、いつものように長い待ち時間が始まる、と思ったが、この日は11時頃に検事さんに呼ばれる事になり、すぐに検事調べが始まる。

内容は、昨日刑事さんに取り調べを受けた『隠匿罪』の件だ。

相変わらず刑事さんの時のようにちゃんと状況を書いてくれず、一番悪い部分だけを抜粋した調書を検事さんがあらかじめ作成しており、その文章を読まれて「サインしてください」というもの。

その内容に納得できず「そもそも隠していませんし、財務の面は部下に任せていたので口座を見た事もなければ、指示も一度もした事はありません」と話したが、検事さんは全く引かない。ああだこうだ言って、私を無理矢理納得させようとしてくる。検事調べは録音録画をしていると聞いていたので、後で裁判で戦おうと思い、カメラや録音機に「私の意見とこの調書は全然違いますよ」と猛アピールした。

しかし、3日目の裁判官の時『否認』と受け取られた事で拘留決定と接見禁止が付いた事を思い出してしまい、私は弱腰になってしまう。

ここでサイン拒否をしたり、調書の作り直しを徹底的にさせようとも思ったのだが、その動きで『否認』になってしまい出られなくなるのがどうしても嫌だった。あの日のように補佐官がジロリとこちらを見ていたのもプレッシャーで「この部分は後から裁判でしっかり戦おう」と心に決め、仕方なくサインをする事になる。

12時の昼ご飯には待合室という名の檻に戻り、出て来たポークの揚げ物を食べる。

16時頃まで瞑想で時間を潰し、警察署に帰る事となる。警察署内の留置場に戻ると、私が入っている第4室に、もう一人別の男性がいる事に気が付いた。70歳くらいの細身のおじいちゃんだ。

中に入って軽く挨拶をすると「どうも、はじめまして。よろしくお願いします」と顔面神経麻痺の人のように顔の頬と目の横をピクピクさせながら挨拶を返してきた。

そのおじいちゃんは、まるで動物園の中にいるノイローゼになってしまった動物のように、ずっと部屋の中をウロウロと歩き続けていた。

警察官の事を異常に怖がっており、警察官が20分に一度檻の中を覗いてくる度に姿勢を正し、顔をピクピクさせながら恐れている。

18時の時間になり、夜ご飯の豚肉を卵でとじた物が出てきて、ベトナム人とおじいちゃんの三人で食べる事となった。夜ご飯の時はラジオが流れるので、檻の外まで声が漏れず話しやすい。

この『挙動不審の顔面神経痛おじいちゃん』はあまりにも挙動不審なので、今晩一緒に過ごす以上、どんな人なのかをある程度探るためにも、なぜ捕まったのか軽く聞いてみる事にした。

おじいちゃんは快く話してくれて、どうやら近所迷惑として捕まったようだ。内容を聞くと「1年前、上の階の若者がうるさかったので、嫌がらせでその部屋のドアのカギを徹底的に壊したんだが、その時は捕まらなかったんじゃや。今回は、下の階の音がうるさいのがあまりにも許せなくて、バットを持って下の階に行き、怒鳴った後にバットを振りかざしたんじゃや。そしたら今回は何も壊してないのに捕まってしまったのじゃ」と顔をピクピクさせながら話してくれた。要は、たまに耳にする神経質な更年期障害近所迷惑おじいちゃんだ。

よ.よ.よろくく おねがいします。。。
ピクッ
ピクッ
ピクッ
ピクッ
ど.どうも。。。
顔のピクピク怖くね?
怖いっす。。。

顔をピクピクさせているところと挙動不審なところがちょっと怖いが、今回の件は反省しているようでしょんぼりしていた。彼は捕まった事すらなく、留置場に入ったのも当然初めてで不安がっていたので、私が経験した事や、早く出たいのであればその事案の場合はとにかく認めて謝る事などを教えてあげた。それを聞いた『神経質挙動不審更年期障害顔面神経痛おじいちゃん』は「ありがとうございます、そのようにしてみます」と深く頭を下げてきた。

夜の就寝準備の時間になり歯磨きをしていると、噂の『脱走未遂中国人』が横に来た。彼は日本語も英語も全く通じないので、軽く会釈して挨拶をすると、彼も笑顔で会釈してきた。

私は中国語の『1から10』の言葉を知っていたので、指を使って彼に伝えてみると、彼は「ちがうちがう」というようにジェスチャーで指摘してきて、中国式の数字の指数えを教えてくれた。数字の6からの数え方が日本と全然違ったのが面白かった。

寝る前に腕立て伏せ300回、腹筋100回を軽くこなし、21時になり就寝時間を迎える。神経質挙動不審更年期……めんどくさい。『迷惑おじいちゃん』と呼ぼう。彼は疲れていたのかすぐに眠りにつき、大きなイビキをかき始める。「ああ、安眠生活が終了した」と思い、寝床につく。

留置場に入り、今日で23日目。納得はしていないし、一部は今後裁判で戦っていこうと心に決めてはいるものの、基本的に調書で全部認めているので、もう出られてもいいのではないかと思うのだが。ここから出たらすぐに秋穂に電話して、とにかくまず声が聴きたい。そして、すぐに会うために一刻も早く帰りたい。それ以外の欲はもうまるでないが、せっかくなので帰り際に警察署の目の前にあるコンビニでブラックコーヒーを飲みながらプルーム・テックを思いっきり吸おうと思う。

今の私の自由の象徴は、好きな人に会う事と、コーヒーを飲む事と、プルーム・テックを吸う事だ。

今まで外の世界ではあたりまえのように傍にあった、大好きな車も、綺麗なマンションも、大きなベッドも、美味しいご飯も、沢山の収入も、もう何も要らないと本気で思える。
これからはただ『秋穂との幸せな時間』を誰にも邪魔されないように、壊さないように、
それを私の第一にちゃんと考えて生きていこうと誓いながら眠りにつくのであった。

第24章　突然訪れる出所の日

24日目　2／20木曜日（拘留22日目）

「おはようございます」という警察官の野太い声で目が覚める。いつも通り、布団を片付け、歯磨きをし、洗顔をする。

8時になると朝ご飯として、凶暴な犬小屋にあるような小さな小窓をあけて食パン3枚が人数分、プラスチックの皿に載せられて出てくる。ジャムを塗って食べ、新聞が出てくるのでそれを読もうとすると、警察官から声をかけられる。
「53番、ちょっと出てください」と言われ、「お!? 釈放か!?」と思って外に出るが、そのまま別室に連れていかれる事となる。

そこには年配の警察官が二人いて「この椅子に座ってください」と凄く厳しい口調と表情で言ってきた。私は出所前に何か注意事項でもあるのかと思い、言う通りに椅子に座って聞く姿勢を取った。
すると年配の警察官が「なぜここに呼ばれたか分かりますか?」と険しい表情で言ってくる。強いて言えばノートを外に出した事であるが、悪い事をしてはいないので思い当たる節がない。私は「いいえ。分かりませんが、何か注意事項でもありますか?」と聞き返すと、警察官は「じゃあそのファイルを見てみてください」と言ってきた。
なんだろうと思い、ファイルを見てみると、底の方に小さく丸めてあった『ちょんまげ君から渡された連絡先の紙』が開かれてある事に気が付く。私は「あっ！　これですか？これゴミ箱もないし、捨てるのに困っていて、別に隠す事でもないからそのままファイルにしまっておいてました！」と元気よく笑顔で言い放った。

私が笑顔で元気よく答えた事に、一人の警察官は豆鉄砲を食らった鳩のような顔をした後、ふっと少し笑った。でももう一人の年配の警察官は厳しい表情を崩さず「いつからそこに連絡先が書かれた紙があったのか？」と聞いてきたので、私は「前に『ちょんまげ君に連絡先を聞かれていて、教えたくないから会わないようにしてもらえますか？』と言ったのは覚えていますか？　その日の運動の時にポケットに入れられたんですよ」とまた元気よく笑顔で言い放った。

するとと、年配の警察官の顔も少しほぐれ「なんだ。無理矢理入れられたのか。53番がちょんまげ君の個人情報を外に持ち出そうかと企んで書いた物かと思ったよ。もしそんな事があったのなら、なぜその時に言わなかったの？　中で通謀していると思って厳しく問いただそうとしたんだよ」と言われた。私が「そうなんですか。私は外に出てから彼と連絡するつもりはなかったですし、別に隠すつもりもなかったので入れっぱなしにしていただけです。よかったら捨ててくれませんか？」と返すと、警察官二人は連絡先を書いた紙を持って、また私を第4室へ案内した。

部屋に戻ると、私が釈放されてもう二度と戻ってこないと思っていたのか、ベトナム人と迷惑おじいちゃんにビックリしたような表情で迎え入れられる。私も出られると思っていたので残念だ。いつまでこの生活が続くのやら。

10時の運動の時間になり、運動場へ。爪を切ったりヒゲを電気シェーバーで剃ったりして、軽く運動場内にいる被疑者達と話す。

『パイナップル君』は振り込め詐欺の受け子として私より1週間ほど前に捕まっていたが、事件が二つあり再逮捕になったそうで、20日経ってもまだ出られていない事を不満がってみんなに話している。そして出所してからの仕事が欲しいと私に話しかけてきた。

パイナップル君が「53番さん、社長さんですよね？　俺を雇ってくれませんか？　法に触れる事以外ならなんでもやりますから、今、電話番号を教えてください」とヘラヘラしながら大声で言ってくる。警察官も他の被疑者も沢山いる中でだ。私は「バカ、こんなところで自分の電話番号を言う奴がいるか！」と笑いながら返したが「いいじゃないですか、教えて下さいよー」とまたヘラヘラしながら言ってきた。


彼は22歳くらいで愛嬌がある男だから憎めないのだが、非常にチャラいので仕事で雇用できるわけがないと思い、あまり相手にしなかった。だが一つだけ、彼について気になる事があるので質問してみた。

「いつもパイナップル君の部屋を通り過ぎる時に見て気になっていたんだけど、パイナップル君の部屋だけ、檻の中が丸見えにならないように配慮されているすりガラスがないよね？　あれはなぜ？」と聞くと、パイナップル君はなぜか恥ずかしそうにして答えない。

横にいた警察官がニヤニヤしてたので、警察官に質問してみると「彼は壁に変な絵の落書きをしていたんですよ。だから監視のために外しました」と教えてくれた。よほど恥ずかしい絵を描いたのだろう。「子供じゃあるまいし、何やってるんだか」と言って爆笑した。

運動の時間が終わり、第4室へ戻ってまもなく警察官に「53番、部屋の中に忘れ物をしないよう確認してから出てください」と言われた。「これは!? 医者君が釈放された時と同じ文言だ！」と思い、すぐに釈放されるのだと分かった。

迷惑おじいちゃんに会釈をし、ベトナム人と『さよなら』と言う代わりにコブシとコブシを合わせ、長く世話になった第4室から出る事とする。

留置場に入った時に、持ち物検査や、私の可愛いつるつるチンコちゃんを弄ばれた別室へ通された。そこには私のロッカーの中の持ち物や取り上げられた物が沢山並べられているのが見える。

若い警察官が「持ち物を一つ一つ確認するので確認してください」と言ってきたので「わかりました」と返事をし、警察官が読み上げる私の持ち物を確認する。

私の持ち物をチェックした時の書類にブランドの種類なども書かれていたので、若い警察官が「バレンシアガのバッグ、ロレックスの腕時計」などと読み上げる。私は一つ一つに対して「はい、合ってます」と答えた。

23歳くらいの若い警察官は初めてブランド品を見たのか「おお、これがバレンシアガか、これがロレックスか。高そう」と小声でつぶやいていたのが面白かった。

最後に私の靴が出てきたのだが、靴ヒモがグチャグチャにつけられている事に気が付く。初日、不可解な事に「あなたの靴はヒモ靴なのでヒモを全て取って保管します」と言われたのを思い出した。

「拘留中は靴を履けないし、保管している場所も見えない所なのに、なぜヒモを外して保管するのか」と初日から疑問に思い続けていたが、これは最後まで疑問のまま、グチャグチャにヒモをつけられた靴が戻ってくる事になった。

持ち物が全て帰ってきたのを確認し、サインをしたら釈放となった。しかし、ここである物だけがない事に気が付く。

携帯電話だ。

「携帯電話は返してくれないんですか？」と聞いたら、拘置場では預かっていないのだという。警察官に問うと「携帯電話だけは他の警察署で預かっているので今日は返せません。明日電話して聞いてみてください」との事だ。

「これでは秋穂に電話できないじゃないか」と落胆した。

仕方ないので今日は携帯を諦め、家に帰る事にする。

留置場はどうやら二階にあったようで、警察署内の二階から一階へ下りようとすると、留置場内にいた若い警察官と偶然会う事になり「24日間お世話になりました」と軽く挨拶をした。

すると警察官が笑顔で話しかけてきた。

「ノート、皆で毎回読んでましたよ。楽しかったです。警察官同士で『これ、出版されちゃうんじゃないかなー』と話し合っていましたよ」と言ってきたのだ。

げっ。やっぱり全て見られていたようだ。

脱獄に成功していた事もバレていたのだろう。脱獄してなかったら規則的に没収されていたはずだ。


一階に行き、公衆電話からタクシーを呼ぶ。待ち時間の20分の間にブラックコーヒーを買い、プルーム・テックを吸った。どちらもとてつもなく旨い。心の底から……いや、肺の底からリラックスした溜め息が漏れるのを感じた。

私はもともと加熱式タバコのアイコスを吸っていたのだが、最近プルーム・テックに変えていたので、吸いたくなった時のためにアイコスをバッグの中に入れていたのを思い出した。

試しにアイコスも吸ってみると、アイコスはとてつもなくマズく感じた！　一本吸いきれないほどマズく、灰皿へ捨てる。

程なくして物凄い吐き気がしてきた。普通のタバコの10分の1と言われるアイコスの二コチン量は身体が受け付けなくなっているのを痛感した。

吐き気に襲われている時にタクシーが到着し、最寄り駅まで送ってもらう。今にも吐きそうだ。

駅に到着しても軽い吐き気は止まらず、電車を待ち、自宅の最寄り駅まで帰る。

自宅の最寄り駅から帰る時にはようやく吐き気も治まり、帰宅途中、なにげなく周りを見てみる。

タピオカを飲みながら歩いている高校生、駅前で演奏をしているバンド、手をつなぎながらスターバックスのコーヒーを持って歩いているカップルなど、道行く歩いている人を見ていると「なんて自由な世界なんだ。私はこんな自由な世界で暮らしていたのか」と物思いにふけった。

道中、留置場内であった事を色々思い出す。そして今までの人生と今後の人生について考えた。

私の今までの生活は、欲にまみれ、本来不必要なモノだったとしても、その時の気分で少しでも欲しいと思えば何でも手に入れようとしていたと思う。
そんな事を続けていると、気分が変わってしまうだけで、それはすぐに不必要なモノと化してしまい、あふれ過ぎた不必要なモノや状況のせいで『本当に自分に必要なモノ』をあまりにも軽視してしまっていたように感じる。

当然、留置場に入った事は、私の人生の中でも汚点である事に変わりはない。だが、留置場という閉鎖された空間で私の人生を見直す時間があった事で、心の整理がつき『本当に大事なモノ、不必要なモノ、どっちでもいいモノ』の分別がハッキリ見えた事は大きな収穫であった。

家が見えてくる。もうすぐ秋穂と会える。純粋にその気持ちだけが膨らみ、玄関の前に立ち鍵を開ける。
会ったらまず秋穂へ愛を伝えようと心に決め「ただいまー！」と大きな声で扉を開けると、秋穂が「きゃー！」と喜びの声をあげ、笑顔で私に飛びついてきた。

～終わりのご挨拶～

本のタイトルで留置場のススメとありますが、もちろんそんな場所には一生に一度も入らない事が一番です。しかし、少しでも大事なモノが見えなくなっていると思ったり、第三者から言われた経験がある人は、是非一度、全てを捨てられる環境を自ら作り『今自分に本当に必要なモノは何か』を熟考してみて欲しいと切に思います。

モノに溢れた現代。欲しい物は金額の大小問わずに何でも手に入るし、贅沢さえ言わなければ生活の環境も自分で選択できる。

現在、恵まれた環境だったとしてもそれが分からず、お世話になっている人を邪険に扱っているかもしれない。自分に降りかかってくる火の粉に気づいていないかもしれないし、本当に大事な人を大切にできていないかもしれない。

欲に溺れていた私の経験から言うと、欲というのは麻薬のようなもので、溺れている間は「もっともっと」と貪欲に求めてしまい、終わりがない。その時は中毒になっているので頭は正常に働かず、大事なものを見失ってしまうように思える。

一度欲を全て断ち切り、自ら閉鎖された空間を作り『自分にとって本当に大事なモノ』を熟考する事で、明確に分別が見えてくると思いますよ。

私の裁判はこれから始まり、本当の戦いはこれからです。そのお話はまた別の機会に。

と、いうわけで私の『留置場のススメ』の最後の挨拶と代えさせていただきます。

ご精読ありがとうございました。

著者プロフィール

新垣 栄二（あらがき えいじ）

■生年月日／2月9日生まれですので、誕生日プレゼントはiTunesカードをお願いします。
■出身地／沖縄県那覇市出身。同姓の有名な女優さんと遠い親戚かもしれませんが、親戚にそんな方がいるとは聞いたこともございません。
■学歴・職歴／高校卒業後、上京。はじめは右も左も日本語もままならなかったが、数々の商売に携わって富を築いたのち、ついにはニートへと辿り着く。その後、勉学のため、世界各地を転々と回り知見を広げる。主に観光スポットに詳しくなり、旅行英語のみをマスターするという快挙を成し遂げる。
■在住地／東京都でしたがコロナ避難のため、南の島で静かに幸せに暮らしている。
■その他／本書の内容に関する所属団体名などは、プライベートの大変恥ずかしい内容も含まれておりますため、非公開とさせていただきます。この物語の主人公である財前に関しては「せっかく自伝が本になったのに親にも見せられない」との事です。

――と、冗談が過ぎましたが新垣栄二と財前は実在します。
この著書は、事実を基に書いたノンフィクション作品です。

留置場のススメ

2020年8月15日　初版第1刷発行

著　者　新垣 栄二
発行者　瓜谷 綱延
発行所　株式会社文芸社
〒160-0022　東京都新宿区新宿1－10－1
電話　03-5369-3060（代表）
03-5369-2299（販売）

印刷所　株式会社フクイン

ISBN978-4-286-21854-0